# イワナ棲む山里
## 奥只見物語

文・足立倫行
写真・秋月岩魚



世界文化社

# 目次

第一章 銀山平の秋……7
“幻の魚”がウジャウジャいる……9
泡みてェなイワナだけれど……18
「いいところ」が沈む？……28
第二章 豪雪との共存……63
クマみてェに冬眠してる……65
おおらかに、自然に……76
共にこの山で生きる……86
第三章 万物が動き出す春……111
国なんか怖くねェども……113
ふいに何かが末梢神経の端に……116
もう降りる！ 終わったんだ……123
釣りさえできりゃ、いいの？……133

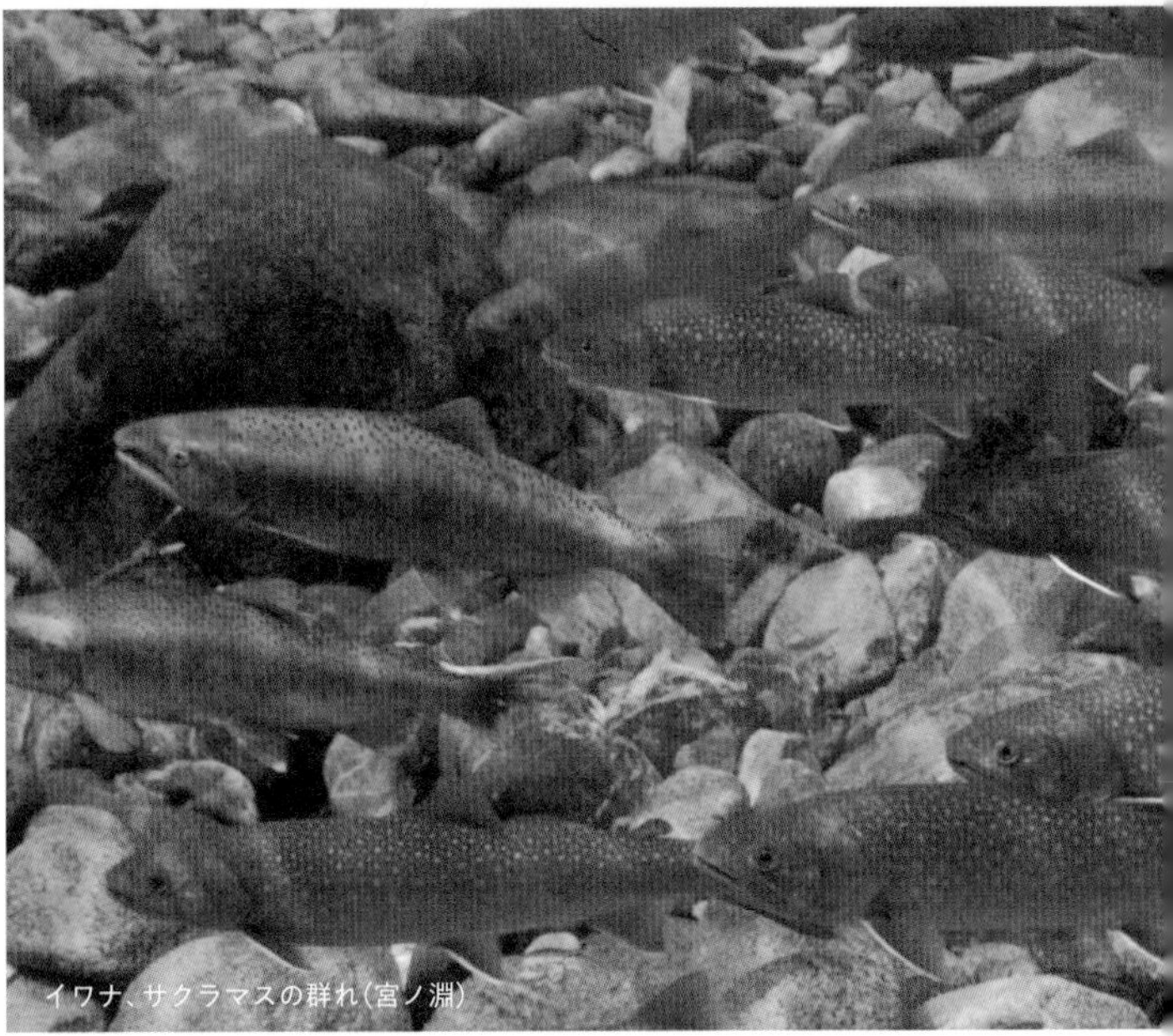



第四章　イベントの夏……167
女ばかりの盆踊り……169
敵に塩は送らせんが……180
作家開高健は眠ったのか？……192
第五章　揺れる台風シーズン……223
浅はかな自然観を恥じた……225
気持ちいい、この感触！……233
今日はブタ箱に一泊だ……246
第六章　再び巡る季節……271
あんな鳥がいるなんて……273
山仕事は自分の力でせんと……278
雪国の〝冬構え〟……286
クモが天空を渡ってゆく……298
主要登場人物プロフィール……310
あとがき……313
文庫サイズ版あとがき……322

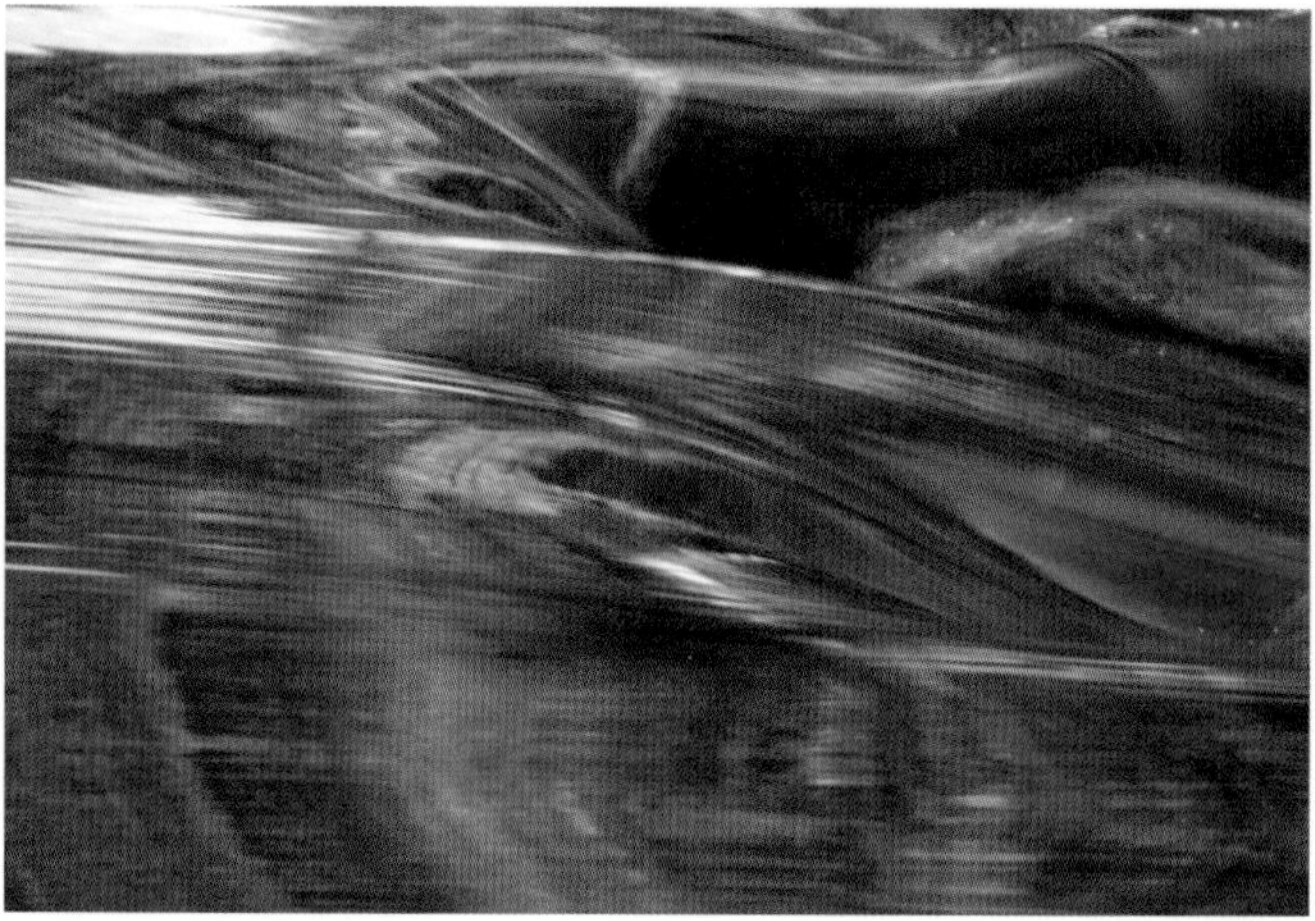

渓水は季節の折々を映し込むキャンバスである

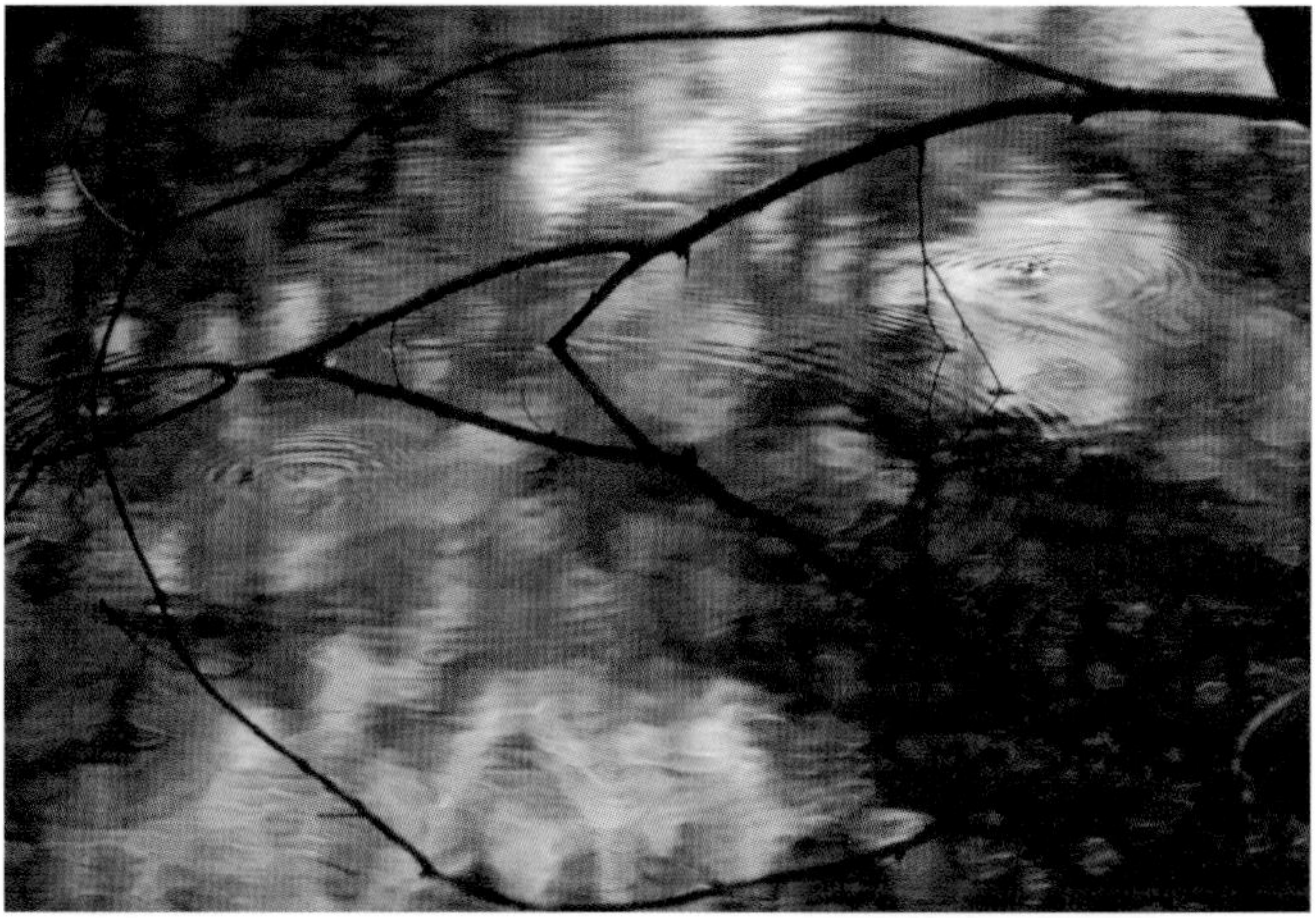

渓流を溯ってゆく楽しみのひとつは、水に凝縮された“自然美”との出会い

月が昇った。銀山湖に星が降り注ぐ

枝折(しおり)峠の朝。銀山平は霧の中に眠ったままだ

# 第一章 銀山平の秋

秋の盛りの自己主張

秋、産卵を終えたサクラマスは、静かに自然に還ってゆく

## "幻の魚"がウジャウジャいる

平成二年（一九九〇年）十月十七日の銀山平《ぎんざんだいら》は秋晴れだった。地元の人々によると、ここしばらくグズついた空模様が続き、青空が顔を見せたのは久し振りとのことだった。

我々は朝九時半に宿の湖山荘《こざん》を出発して石抱橋《いしだき》の監視小屋を回り、北《きた》ノ又《また》川沿いの林道を上流へと車を走らせた。白沢《しらさわ》の近くで車を降りた。そこからは各自デイパックを背負い、徒歩で林の中へ分け入るのである。

せせらぎを渡り、山陰《やまかげ》の仄暗《ほのぐら》い道を団扇《うちわ》ほどもあるホオノキの枯れ葉を踏みしめて歩く。林が途切れると繁茂したススキが山道を覆い、肩で押し進むと白い穂が頬や頭を撫でた。灌木の小枝を払い、色づいたヤマブドウのつるを跨《また》ぎ、あるかなきかの細い道を辿る。

杉木立に出会ったところで横道にそれて沢へ下った。木の間隠れに深い緑色の淵《ふち》が見え、手前下流に丸石の川原が広がっていた。

「ここでちょっと撮影します。一服してて下さいよ」

先頭を行く写真家の秋月岩魚が振り向いて言った。僕と平野肇は頷いた。平野は打楽器演奏家で作詞家である。前夜、宿で出会い同行することになった写真家の古い友人だった。

我々三人は谷川の川原に下り立った。それぞれの行動を開始する。ウエットスーツを着た写真家は川の中に入り、瀬の中央部に三脚を据えて川面に映る紅葉の撮影を始めた。平野も「最近写真に凝《こ》っている」とかで、カメラを取り出して川べりを歩き回る。僕は、別に、これといってやることがなかった。仕方がないので白く乾いた川原の石に腰掛けた。

ぼんやりとあたりを見回してみる。僕にとって奥只見《おくただみ》の銀山の渓谷に身を置くのは初めての体験だった。奥山の本格的な錦秋《きんしゅう》に立ち会うのも実に久びさのことである。

これまで、国内ではどちらかといえば海洋絡みの取材が多かったのだが、奥只見に二十数年通い続けているという写真家の話を聞き、その熱情に共鳴して、越後《えちご》の雪深い山里の四季を一年間追ってみる気になったのだ。

それはともかく、北ノ又川上流域の秋景色はまったくみごとなものだった。

川底の小石が見えるほど透き通った水が岸辺の岩を覆う苔に吸収されて消えると、灰褐色の荒荒しい岩肌が陽光を浴びて浮かび上がり、その鋭角な縁を飾り包むように真紅のモミジ、カエデが枝を広げる。落葉広葉樹林帯の林床《りんしょう》には十月下旬のこの時期にもまだ緑色を保っているシダ類や低灌木があるが、斜面のカエデがそれらをアクセントとしながら黄色く赤く沢を這《は》い上り、時折血のようなウルシやハゼを織り込んで王者のごとき喬木、ミズナラやブナ、コナラ、カシワなどの圧倒的な黄金色の葉叢《はむら》へとつらなっているのだ。そして、その上には底の抜けたような秋の青空……。

足元から頭上はるかまで、思いっきり贅沢《ぜいたく》な自然の色使いが惜しげもなく展開されているのである。

「十五年間禁漁区だと、石ころまで生き生きして呼吸しているみたいだよね」

写真家がファインダーから顔を外して言った。同感だった。北ノ又川は昭和五十一年(一九七六年)に魚沼《うおぬま》漁業協同組合によって禁漁河川と定められ、昭和五十六年からは水産資源保護法により流域が農林水産大臣指定の保護水面区域となっている。つまり丸十五年にわたって川を荒らす釣り人が足を踏み入れていないわけで、ゴミはなく、焚き火やキャンプの跡も見当たらず、渓流は渓流本来のたたずまいを見せていた。

見上げると、黄褐色のコナラの枯れ葉が一枚ずつ、クルクルと回転しながら落ちてくる。淵に舞い落ちたコナラの葉は、その瞬間だけ穏やかな波紋をつくり、それからゆっくりとミニ帆掛け舟を思わせる動きで水面を移動する。やがて瀬に達し、スイと滑り落ちたと思うと姿を没し、ややあってずっと向こうの水面にモミジやカエデと交じり合いながら再び姿を現す。その時にはもう優雅な帆掛け舟の面影はなく、単に分解を待つ有機物なのだ。

時折、谷の上空を強い風が吹き抜けて大量の枯れ葉が落ちてくるが、下から見上げるとそれは、斜面の木々が意志的に枝を震わせいっせいに葉を振り落としているように思えた。まるで「このままでは迫り来る冬の季節を乗り切れない」「一刻も早く体中の葉を放棄して雪に備えよう」と懸命にもがいているように。

考えてみれば落葉とは、植物が厳しい冬を生き抜くための必死の自傷行為なのかもしれない。哀切で、だからこそ華麗な……。

正午すぎ、写真家は撮影を終了し、我々はさらに上流へと向かった。紅葉の時期はイワナの産卵期でもある。産卵期のイワナをより間近に見てみようというわけだった。

北ノ又川にはイワナ、ヤマメ、ハヤなどの渓流魚が棲息している。僕にはしかし、どれがどれやら区別がつかなかった。これまで何回か各地の山で「これがイワナ」「こっちはヤマメ」と土地の人に教えられたことがあるのだが、渓流釣りにもともと興味がなかったせいだろう、知識が記憶となって残っていなかった。何ごとも意識して見なければ見たことにならない、というのは、やはり真実なのだ。

ただし今回は、渓流釣り歴二十五年という写真家が一緒である。非常に心強い。

「ほら、あそこにイワナ」

写真家は渓谷を跳ぶように歩き回りながら、途中何度も立ち止まって僕に教えてくれた。

「そっちの淵尻にも二匹、寄り添ってるのが見えるでしょ？」

「どれ？　どこ？　あの黒い奴？」

「あれは石ですよ。その向こうにいる」

指差されても、水面に光が乱反射するため容易に識別できない。ヤマメがいるのは中流まで、このあたりの上流域はイワナばかり、しかも禁漁区のおかげで、全長三十センチ級《クラス》のいわゆる〝尺イワナ〟がゾロゾロいるというのに、水中を覗く僕の目は節穴同然なのだ。

けれども反復学習とはやってみるもの、失笑を買いながら水中凝視を繰り返すうち、次第に僕にもイワナが見えるようになってきた。

流れの中央部に筋状に並んで時どき揺らぐモノがある。光の加減で黄土色の縄か紐を思わせ、あるいは黒っぽくまた青っぽく映って川藻を思わせるモノ、それがイワナだった。

産卵が近いので二尾ないし数尾が列をなして泳いでいる。そしていったん目につくと、川の中にイワナはいくらでもいた。淵から瀬への駆け上がり、淵の巻き返し、岸近くのゆるやかな澱《よど》み、探せばどこにでもいるのである。

我々は魚止めの滝がある猿ヶ城までやってきた。正面にその昔サルが棲んで

北ノ又川の猿ヶ城付近。
左手の急斜面を這い上ると、
そこの沢にもイワナが

いたという振り仰ぐ高さの断崖があり、水流はその直下で大きな淵を形成しつつ迂回して右手の岩壁の狭間《はざま》に消えている。先導する写真家は淵から少し下った左側、その名も岩魚沢《いわなさわ》という薄暗い急斜面の沢を登り始めた。

「こんなところにも産卵にくるんですか?」

僕は驚いて声をかけた。階段状のゴロゴロした岩の間を縫うようにして水が流れ落ちていて、小川と呼ぶよりも滝に近い。

「くるんですよね、こんなところまで」

写真家は言って、ちょうど胸の高さにあった水溜まりを指し示しニヤリと笑った。慌《あわ》てて追いつき、写真家の肩越しにそっと首を伸ばしてみると、なるほどいるのである。直径一メートル足らずのタライのような清水の中に二番《つがい》、四尾もいる。

中の一尾《び》は五十センチを優に超す大イワナだった。緑の浅瀬を泳ぎ回ると、背中半分が水の外に出てしまうほどに大きい。藍緑色の体に淡灰色の小さな斑点が一面に散って、黒い胸ビレと腹ビレの先端が白く縁取られている。

我々三人はしばらくの間イワナたちを観察した。イワナの産卵は、雌が尾ビレで砂を掘って産卵床をつくり、そこに卵を産み落とし、寄り添った雄が放精、雌が受精卵に砂礫《されき》を被《かぶ》せて完結する。ところが、いつまで待っても穴掘りは始まらなかった。雄は寄り添ってさかんに雌を促すのだが、雌は産卵場所が気に入らないのか機が熟さないのか、小刻みな場所移動を繰り返すのみである。

「産卵と射精は一瞬なんだけどね……。もうちょっと上の方を見てみましょうか」

写真家が言い、我々はなおも登った。驚くことにどんな小さな岩場にもイワナはいる。

沢を登りながら、僕は何やら幸せな気分がこみ上げてくるのを感じた。〝幻の魚〟と呼ばれる渓流魚が手を伸ばせば触れるところにいる。ウジャウジャといる。人間に対する警戒心など捨て去って千古不易《せんこふえき》の生殖活動にひたすら励んでいる。その現場に自分が何の違和感もなく居合わせていることが譬《たと》えようもなく嬉しかった。

暗さを増した沢の底から仰ぎ見ると、両側の紅葉が絢爛《けんらん》たる色彩の雪崩《なだれ》のようだった。

## 泡みてェなイワナだけれど……

湖山荘の主人佐藤庄一は、話題が翌年春に計画している温泉掘削《くっさく》の話に移ると、座り直して囲炉裏《いろり》の前に半身を乗り出した。

「我々銀山の連中が食ってけるのは何か資産があってのことじゃねェ、ほんにもう泡みてェなイワナで食ってる。イワナがぽしゃれば、キャンプ場や登山だけじゃ食ってけねェ。そこで温泉という方針が出てくるわけさ。次の代までみんなが食われる道を探ろうとなると、のォ」

鉄の箸で炭火に炭を継ぎ足しながら言う。

外は木枯らしだが、部屋の中は囲炉裏と石油ストーブで暖かだった。僕と写真家は湖山荘の別館となっている真新しいログハウスに泊まっていた。夕食後に宿の主人と囲炉裏を囲んで話を交わすのはすでに日課となっていた。

銀山平といえば、かつては日本海に注ぐ阿賀野《あがの》川の上流只見川の水源地帯で、新潟県と福島県の県境、四方を会津駒《あいづこま》ヶ岳、荒沢岳《あらさわ》、小倉山《おぐら》、未丈《みじょう》ヶ岳などに取り囲まれた山間の平野部を指していた。しかし、昭和三十七年(一九六二年)六月に貯水量日本最大の奥只見ダムが完成すると、只見川や北ノ又川・中ノ岐《なかまた》川沿いに点在していた二十余戸は水没、広大な盆地を形成していた銀山平そのものが消滅してしまった。以後は、荒沢岳(一九六九メートル)の麓《ふもと》のダム湖に接した帯状のわずかな平坦地を銀山平と称するようになっている。

平成二年(一九九〇年)現在、銀山平では、降雪期を除く年間六ヶ月の期間、新潟県北魚沼郡湯之谷《ゆのたに》村(人口約六千六百)の宇津野《うつの》地区(七十八戸、三百十二人)の住民が十軒の旅館・貸しボート屋・土産物屋などを営んでいる。かつての銀山平の土地の大半が宇津野地区五十八戸の昔からの共有地だったからだ。そして、新たな銀山平の有力なオピニオン・リーダーの一人が、湯之谷村村会議員をつとめる湖山荘主人の佐藤庄一(通称〝湖山荘〟)だった。

「十年前に五百メートルのボーリングやった時は、湯は出んかった。だども、今回は千二百メートルまで掘ってみるつもりだ。予算も七千五百万円計上しとるしの。おら、温泉の水脈は絶対ここにあると踏んどる」

酒を飲まない〝湖山荘〟は、胡座《あぐら》をかいて冷めた煎茶をグビリと飲んだ。

　鳥海火山帯と那須火山帯の接点に位置する湯之谷村は名前どおりの温泉郷だった。村内には大湯《おおゆ》温泉、栃尾又《とちおまた》温泉など計六箇所の温泉場が存在する。しかし、現在の銀山平に温泉はない。湖に沈んだ銀山平には恋《こい》ノ岐《また》、浪拝《なみおがみ》、湯《ゆ》ノ子《こ》沢《さわ》と三つの温泉が湧き出ていたのだが、湖畔の新銀山平ではまだ温泉は発見されていなかった。〝湖山荘〟によれば、もし銀山平で温泉を掘り当てれば、四月の春スキー客、五月六月の釣り客、七月八月の登山客（と合宿の学生）、九月十月の紅葉目当ての観光客にオールシーズンの温泉客がプラスされるわけで、そうなると「温泉の量にもよるが、何とか次の代にも食ってける」はずだった。

　〝湖山荘〟は、

「とにかくみんなが食われんといかん」

　と繰り返した。

「父ちゃんはそう言うけど、食べるだけなら今でも立派に食べてるじゃない。温泉が出れば万々歳だけど、たとえ出なくても、たった半年働いて一年分を稼ぎ出してるんだから、俺たちから見れば羨ましいくらいだよ」

常連客である写真家が反論した。

写真家の秋月や音楽家の平野などたくさんの都市生活者が長年にわたって銀山平に通い続けているのは、奥只見ダム湖（銀山湖とも呼ぶ）の紅葉を愛《め》でるためでも越後三山（駒ヶ岳、中ノ岳、八海山《はっかいさん》）に登って眺望を楽しむためでもなかった。「ほんに泡みてェなイワナ」、に魅せられたためだ。

イワナをめぐる都市生活者と奥只見の山里の人々の関わりとなると、話はどうしても〈奥只見の魚を育てる会〉（現在会員約六百五十名）結成の発端にまで溯らねばならない。


奥只見ダムができるまではむろんのこと、完成後数年間も、銀山平の各渓流と銀山湖は日本有数の山間の秘境だった。〝イワナの宝庫〟だった。尺イワナどころか全長六十センチ級のサケを思わせるイワナが入れ食い同然、釣り人にとってはまさに別天地だった。

ところが昭和四十年代半ばに至って、〝宝庫〟は急速に枯渇し始める。高度経済成長下の釣りブームと、湯之谷村に国道17号線が開通するなどモータリゼーションの発達によって、村外や県外から車を利用した釣り客がドッと押し寄せるようになったのだ。まず渓流からイワナが消え、やがて銀山湖でも三十センチを超す獲物がめっきり釣れなくなった。

この異変を深刻に受け止めたのは、当時群馬県桐生市の薬局店主で昭和三十六年以来銀山平に通い詰めていたルアー釣りの先駆者常見《つねみ》忠だった。常見は村杉小屋（現在のフィッシングハウス村杉）主人の佐藤進（通称〝村杉〟）に、「このままでは魚がいなくなる。何とかならないものか」と訴えかけた。同じ頃、常見の書いた釣りの記事を読み銀山詣でを繰り返していた写真家秋月岩魚も、常宿の主人〝湖山荘〟に「どうにかして大イワナの群れてた昔に戻せないか」と相談していた。

訴えかけられ相談された釣り宿の主人たちは〝村杉〟にしても〝湖山荘〟にしても、「イワナを復活させたい」と願う気持ちでは常連客と同じだった。いやむしろ、生活に直結した問題という意味では、思いは客たちより強かった。しかも〝村杉〟や〝湖山荘〟には、昭和四十五年の夏に作家開高健《たけし》が村杉小屋に長期滞在し、夜ごと日ごと欧米の釣り場事情に関し体験談を語ってくれたという下地があった。

そして、その開高に銀山平を紹介し、ルアー釣りについて技術的なアドバイスをしたのがほかならぬ常見なのだ。

ここに銀山平の住民と都市生活者の間で利害の一致点が確認された。イワナを巡って人間どうしの環《わ》がつながったのだ。

一握りの発起人たちは、サケ・マスではなく、「たかがイワナ」を守る組織づくりのため、困難な活動を開始した。〝湖山荘〟や〝村杉〟は銀山平住民の結束を図るとともに湯之谷村当局に働きかけ、常見や秋月は釣り師仲間や釣り具業者らに参加を求めマスコミにも呼びかけた。

こうして昭和五十年四月二十五日、東京に有志三十四名が集い、〈奥只見の魚を育てる会〉（以下〈育てる会〉と略記）が誕生した。会の名称はイワナ一種を対象としたものから棲息魚類全般に広げられたのである。会長には開高健が満場一致で選出された。事務局長に常見忠が選ばれ、会の本部は湯之谷村役場の企画観光課に置かれることになった。全国でもきわめて珍しい、都市在住の各種釣り人と地元住民と地方自治体との大同団結が成ったわけである。

〈育てる会〉は発足後間もなく、銀山湖一帯の漁業権を握っている魚沼漁業協

同組合と交渉を開始し、非常に画期的な二つの項目で漁協側の合意を得ることに成功した。すなわち、

①北ノ又川本流および支流のすべてを向こう三年間禁漁にすること、

②新潟県条例によって行われている禁漁期間（十一月一日〜同十五日）を銀山湖の周辺に限って十月一日より翌年四月二十日までと改定すること、

である。〈育てる会〉は会員の納める年会費によって運営されるが、地元漁協が会の唐突な申し入れに理解を示したのは、会側が新年度の会費の大半百二十万円を「銀山の魚を増やすために使ってほしい」と漁協に提出したためだった。会員個々人の身銭を切っての熱意が時の漁協組合長（桜井新）を決断させたのだ。〈育てる会〉は一年後、会員数百九十五名に膨《ふく》らんだ。そしてこの年以降毎年、会費（と寄付金）を使い、銀山湖と各渓流にイワナ・ヤマメの大量放流を実施し始めた。昭和五十三年には新潟大学の本間義治《ほんまよしはる》教授に依頼して、周辺流域の〝種川《たねかわ》〟としての北ノ又川の実態調査を行ない、結果を基に北ノ又川の禁漁期間を延長、昭和五十六年に念願であった終年禁漁の保護水面区域指定を勝ち取ったのである。

かつては大雨の後など、こんなイワナを手掴みにしていた

また、昭和五十二年以降は北ノ又川に専任の禁漁区監視員を置き、銀山平住民の強力な支援のもとに当初跋扈《ばっこ》していた密漁者《みつりょうしゃ》の取り締まりにあたってもきた。後に監視員と監視小屋の管轄は魚沼漁協に移ったが、今日なお地元住民を総動員しての監視体制は継続されている。会員ないしマスコミに対しては、バード・ウオッチングならぬフィッシュ・ウオッチングを新たなレクリエーションとして提唱し、その宣伝・普及につとめてきたことが大きい。

つまり、〝湖山荘〟も、〈育てる会〉発足時から会員として「泡みてェなイワナ」に過去十五年間真剣に関わってきたわけだった。おかげで現在、種川の北ノ又川には大イワナが群游し、地元の各旅館には銀山湖で釣り上げた六十センチ級のイワナや五十センチ級のサクラマス(ヤマメの降湖型)の魚拓が所狭しと掲げられている。昔日の〝夢〟が確実に甦《よみがえ》りつつあるのだ。そのうえでの〝湖山荘〟の温泉願望発言だった。

「父ちゃんも、寄る年波ってやつで、だんだん疲れてきたんじゃないの?」

写真家がコーヒーを淹《い》れながら言った。

〝湖山荘〟は薄くなっている頭髪を片手で掻き上げ、「そうじゃねェ」と笑った。

「田舎の生活はほんの些細《ささい》なことで崩れっちまう。今は、(銀山平の)十軒が団結してるからどうにか持ち堪《こた》えてるが、一角が崩れちまえば山の暮らしなんておもろいもんだ」

〝湖山荘〟は、自分たちは大きな矛盾を生きていると言った。地元の暮らし向きがよくなれば地域社会が崩壊する、という矛盾だ。生活レベルが上がればどの家も子弟を東京へ送って高等教育を受けさせる、地域に若者がいなくなる、そんな故郷へ子弟は帰ってこない、東京で所帯を持つ、十年、十五年、すっかり東京人となった子供は「東京で一緒に住まないか」と親に声をかける、親たちが浮き足立ち、守り手のいなくなった地域社会は必然的に崩壊する……。

「子供らの代は、おらたちと違ってみんなバラバラだ。近所付き合いなんて必要としてねェ。それでもやってけるんだもの、のォ。そんな連中にここに居座ってもらおうと思ったら、それなりの条件を整えんば。若い連中の意向もできるだけ尊重してさ」

〝湖山荘〟はジャージーのズボンをまくり上げて、真っ白い臑《すね》をしきりと撫でた。

五十五歳の銀山平のオピニオン・リーダーには二人の子供がいる。二十二歳の真子《なおこ》と十七歳の慎治《しんじ》。高校三年生の跡取り息子は、翌春高校を卒業すると東京の専門学校に通う予定だった。

## 「いいところ」が沈む？

十月十九日は東湯之谷小学校の五・六年生合同の秋の遠足の日である。僕は同行することにして、駒ヶ岳山麓の駒の湯の近く、出発点の坂本まで〝村杉〟の車で送ってもらった。〝村杉〟の孫娘佐藤望《のぞみ》が五年生の一員として参加するのである。

コースの〝銀の道〟は、坂本から枝折峠《しおりとうげ》（明神峠《みょうじんとうげ》）を経由し銀山平の石抱橋《いしだきばし》に至る、いわゆる枝折峠越えの約十二キロの山道だった。今からおよそ八百三十年前、長寛元年（一一六三年）、皇妃をめぐる恋の鞘当《さやあ》てから平清盛に都を追われた尾瀬三郎房利が、藪神荘《やぶかみそう》（湯之谷村）を発《た》って深山に分け入り道に迷った時、行く手に童子が現れ枝を折って道案内をしたという伝説の道である（その後、尾瀬三郎は燧《ひうち》ヶ岳山麓に達し藤原家再興を画したが、志《こころざし》半ばで没した。山麓の大沼が現在の尾瀬沼）。

午前九時二十分、揃いの白い体育帽を被《かぶ》り、赤い上下のジャージーを着た計四十八人の小学生が、路傍に〝一合目坂本宿〟と書かれた標柱のある急な山道を登り始めた。

「はい、一列になって登りなさい。前の人につかまったりするなよ」

付き添いの若い男性教師が声をかける。真新しいデイパックを背負い赤い服を着た小学生の一群は、グングンと登って行った。佐藤望もアッという間に視界から消えてしまった。

最後尾の教師に尋ねてみると、〝銀の道〟の遠足はもう五年続いており、恒例とのことだった。また、東湯之谷小学校の全生徒数は現在百二十二名だが、ここ何年も極端な増減はなく、比較的安定しているという（後日確かめてみると、湯之谷村の三つの小学校の合計生徒数は昭和五十年が五百二十八名、平成二年が五百四十六名、村の総人口がこの十五年間六千五百名前後で推移しているのと同じく、子供の人数もほぼ横ばいだった。湯之谷村は過疎《かそ》の村ではないのだ)。

つま先上がりの山道には、十五分か二十分登るごとに標柱が立ててあった。〝二合目目覚《めざ》まし〟〝三合目楢《なら》の木〟などと記されていて、そのたびに文字を読み上げる子供たちの大声が前方の木々の間から降るように聞こえてくる。

標柱は、頂上の〝十合目大明神〟までに上り九本、下り九本、計十九本がある。いずれもこの道が、村の中央部と銀山平を結ぶ唯一の生活道路だった頃、あるいは江戸時代、銀鉱で採掘された銀を運び出すたった一本の峠道だった頃の、一服場の名称の名残りだった。〝目覚まし〟は、麓の芋川《いもかわ》の宿を早立ちするとそのあたりで夜明けを迎えることから名づけられた。〝楢の木〟は、目印となるミズナラの大木が生えていて恰好の休憩場となったためだ。〝四合目推勘《すいかん》(水函)〟は、文字どおりそこで湧き水を箱(函)に汲んだから。

ただし、登り口近くまで車で直接乗りつけることができ、利用者も季節のハイキング客に限られている今日では、標柱の名称も単なる記号に近かった。〝二合目目覚まし〟はほとんど何の意味もなく通り過ぎ、〝三合目楢の木〟にミズナラの大木があるわけでなく（むしろツバキが多い）、〝四合目推勘〟も、落ち葉に埋まったわずかな水溜まりがあるばかり（上澄みをすくって口に含んでみたが、枯れ葉の臭いがして不味《まず》かった）。

〝七合目千体仏〟の標柱の前で、教師が数人の子供たちに追いついて尋ねた。

「えーと、銀山はどうしてダメになったか知ってるかな？　そうだね、昔、銀を採るために穴を掘っていたら、過《あやま》って只見川の川底を打ち抜いて大事故が起きたからだね。よく知ってたなァ」

「だって、聞いたことあるもん」

子供たちは、教師がなおも話を続けそうな気配を察したのか、「ワーッ！」と叫んで再び一丸となって駆け出した。

銀山平は、〝平〟を取り払ってただ〝銀山〟と呼ばれたりするが、それはまさしく銀山平の山々が銀を産出する山だったからだ。

銀山の歴史は尾瀬三郎の入山から五百年ほどたった寛永十八年（一六四一年）、湯之谷郷の百姓源蔵が赤ノ川（只見川）にマス（サクラマス）を獲《と》りにきて川底に銀の垂柱を発見した時に始まる。報告は高田藩主を経て江戸表《おもて》に及び、途中、会津藩との国境争いなど引き起こしながらも、幕命による高田藩の山普請《やまぶしん》となって、明暦《めいれき》三年（一六五七年）上田銀山の鉱山開きが執り行われた。

江戸時代の銀山は三期に区分される。

第一期の銀山は、明暦三年の開山から天和《てんな》元年（一六八一年）高田藩の御家騒動で藩主が国替えを命じられるまでの二十四年間。この間に小出《こいで》と銀山の間に八箇所の宿場、三箇所の御番所《ごばんしょ》が設置され、遠く近畿や奥羽からも商人や職人が集まって、家屋は数百軒を数えた。採鉱場近くに十二山神社も建立《こんりゅう》された。

第二期は、幕府が直轄の事業場と定め、著名な実業家河村瑞賢《かわむらずいけん》を起用した元禄二年（一六八九年）から排水坑の崩壊で多数の死傷者を出し留山《とめやま》となった宝永《ほうえい》三年（一七〇六年）までの十七年間。この期間は銀山のもっとも繁栄した時期で、銀産出高も多かった（元禄十年には年間二千四十四貫）。赤ノ川を挟んだ会津領内にも白峰銀山が発見され、越後側の上田銀山とあわせて大福銀山と称され、銀山平の民家はおよそ一千軒、寺院は三箇寺が新たに建てられ、遊女たちを置いた青楼《せいろう》さえ三軒出現した。

第三期の嘉永《かえい》三年(一八五〇年)から安政六年(一八五九年)までの十年間は、正確には銀山ではなく鉛山だった。請負《うけおい》を願い出た下野国《しもつけのくに》(栃木県)の正田利右衛門が鉛の採取を開始し、順調に生産を伸ばしたが、鉱坑内で人夫が作業中赤ノ川の川底を突き破り一度に三百人余りの死傷者が発生、ついに閉山の憂き目をみたのである。

つまり、奥只見の銀山は、江戸時代を通じて断続的に銀や鉛が採掘されたものの、開山後約二百年にして放棄されたのだった。それからすでに百三十年が経っていた。

正午すぎ、東湯之谷小学校の五・六年生一行は〝十合目大明神〟に到着した。

ここには山仕事や銀山普請の安全を祈願して木花開耶姫《このはなさくやひめ》を祀《まつ》った簡素な枝折大明神がある。一行はその少し上の岩場、ササ原の広がる標高千二百三十六メートルの枝折峠の頂上で昼食を広げた。そこから尾根伝いに行けば正面に雄大な越後駒ヶ岳(二千三メートル)が横たわり、右手に佐梨《さなし》川沿いの緑の谷、左手に紅葉した北ノ又川の峡谷、そして湖面が鈍く光る銀山湖と聳える荒沢岳が見える。ただし、小学生たちは風が強いせいか、ササ原に蹲《うずくま》ったままだった。友人どうし肩寄せ合って黙々とアルミ箔に包んだおにぎりを食べていた。

枝折峠越えの山道は上り八キロ下りが四キロと言われる。標高三百七十メートルの坂本から約三時間かけて九百メートルの高さを登り、峠から五百メートルの落差を約一時間半かけて下って標高七百七十六メートルの銀山平に達するのである。数字的に見ると、下りの方が少しだけ勾配がきついことになる。

だが、実際に坂道を下り始めてみると、そんなことよりもあたりの風景が一変することに驚く。ブナ林を中心とした周囲の広葉樹林が黄金色に輝いていて、〝銀の道〟ならぬ〝金の道〟なのだ。そのうえ、尾根に沿って歩く下り道は上りの時よりもよほど眺望が開け、下るに従って荒沢岳や銀山平が目の前に迫ってくる。実に、鼻歌の一つも口ずさみたくなるくらいの快適さだ。

〝九合目問屋場《といやば》〟の標柱が立つ小さな空間にはかつて銀荷中継ぎの問屋があり、季節遊女までいたという話だが、あまりに狭く、信じ難かった。〝七合目焼山〟は、その昔、山火事のためにあたり一帯が焼き尽くされた場所らしいが、今は痕跡すらなかった。〝四合目十七曲り〟のつづら折り坂道の右側、深い渓谷は骨投沢《こつなぎ》で、遺骨箱に隠しての銀の持ち出しを防ぐため無理やり遺骨を投げ捨てさせた怨念《おんねん》の沢だが、そんな暗い過去を微塵《みじん》も感じさせない豪華な秋景色だった。

充分な腹拵《はらごしら》えをした小学生たちは元気いっぱい、飛ぶようなスピードで曲がりくねった坂道を駆け下りてゆく。時折発する奇声や笑い声が遠く近く木霊《こだま》のように響いてくる。さすがに山村の子供たちは足が丈夫だった。

僕は子供たちに遅れないよう必死の思いで山道を下った。金色の葉叢《はむら》に見え隠れする子供たちの姿を追いながら僕は、彼ら現代の少年少女にとって〝銀の道〟はちょうど手頃なハイキング・コースにすぎず、それ以上でも以下でもないのだ、と今更のように思った。人馬が行き交った銀山時代の栄枯盛衰が遠い歴史の彼方にあるのはもちろん、同居する父母や祖父母の生々しい記憶もおそらく、彼らにはまるで異次元のものなのだろう、と。

〝村杉〟はこの日の朝、枝折峠の登り口へと車を走らせながら僕に語ったものだ。

「銀山平での旅館業は昭和三十八年から始めたが、開業しても五年ばかりは山に入ってゼンマイ採ってたね。私ら麓《ふもと》の部落にろくな田畑を持たん者には、長い間、ほんに長い間ゼンマイだけがおまんまの源だったんだもの」

閉山後の銀山には、明治末期に至って銀山拓殖会社が設立され、数十戸の農家が開拓民として次々に移住した。しかし、稲作、野菜栽培、牧畜といずれも低温冷水の自然環境が災いして根づかなかった。わずかに昭和初期、小規模な養蚕業が営まれた程度である。戦争中の一時的な国有林伐採ブームが去ると、銀山は再びもとの僻遠《へきえん》の地となった。すなわち、この地に共有地を有する宇津野地区の人々が山菜やキノコを採取するだけの山地になったのである。

「炭焼きもやったしキノコ採りもやったけど、金になるのは唯一ゼンマイだね。五月になって雪が解けると、米・味噌背負って枝折峠を越えるわけだ、母ちゃんと子供連れてのォ。米俵一俵担いで越せれば一人前だった」

当時の〝村杉〟は銀山平の目的の沢に着くと、まずは茅葺《かやぶ》きのゼンマイ小屋を建てたという。さっそく夫婦協力して干しゼンマイ作りに励むためだ。山に分け入って採ってきたゼンマイは大釜で茹《ゆ》で上げ、水気を切って天日《てんぴ》干し。表が乾燥したら掻き集め、繊維を柔らかくするために幾度となく手で揉《も》み込む。これを棚に干して出来上がれば南京袋に詰める。

一貫（三・七五キログラム）の生ゼンマイから百匁《もんめ》（三百七十五グラム）の干しゼンマイしかできなかった。正味一ヶ月のシーズンではどんなに頑張っても一人三十貫ほどである。完成品は一貫目四百五十円から五百円で売れ、これが一年間の一家の貴重な現金収入であった。ゼンマイの期間中はどの家でも早朝から深夜まで働き詰めだった。

「血の出るほどの重労働だったね。夜中、小屋のムシロに着のみ着のまま倒れるようにして寝ると、〝あーあ、孫子の代までこんなことやらねばいかんのか〟と溜め息が出てきてね、今思い出しても辛《つら》いんだわ」

その当時、川にイワナは溢れるほどいたが、干しゼンマイ作りの手を休めて川で魚を釣るような人間はまずいなかったという。

午後二時きっかり、〝三合目オリソ〟に到着した。〝オリソ〟とは御入り候の転《てん》訛《か》した言葉だと言われるが、定かではない。いずれにしても坂道はここで平坦になり、北ノ又川沿いの林道にぶつかっている。険しい枝折峠越えはほぼ完了したわけである。

林道脇に小さな沢があった。小学生たちも付き添いの教師も砂の川原に下りてゆき、清冽《せいれつ》な流れを手ですくって飲んだ。僕も飲んでみた。掌の皺《しわ》が浮き出るほど透明で、すっきりと冷たく、上流に人家が皆無であることを知っているせいかほのかな甘味さえ感じられて、ことのほか美味だった。

「枝折峠の遠足が始まるまでこっちの方のこと知らなかったんですけど、いやァ、すごくいいところですね」

石抱橋に向かって広い林道を歩きながら、若い教師が言った。雲が消え青空が広がってきたので、首のタオルでさかんに汗を拭う。

確かに「いいところ」だった。先日の僕のように、渓流で日がな一日フィッシュ・ウオッチングを楽しんだり、こうして紅葉の一番みごとな時期に子供たちと一緒にハイキングをしたりするには、申し分のない土地である。

これで、のんびりと前を行く子供らのうち何人かが将来この地に留まり、〝湖山荘〟の心配する後継者問題が杞憂《きゆう》に終わればさらに「いいところ」なのだが、実はその前に、かなり深刻な問題が持ち上がっていた。

前夜、我々の泊まるログハウスに、〝湖山荘〟と〝村杉〟、それに〈育てる会〉の実質的事務局を務める湯之谷村教育委員会の佐藤徹也教育長（通称〝教育長〟）が寄り集まって話していたことだが、状況によっては北ノ又川とその流域が新しいダムの湖底に沈む可能性が出てくるかもしれない、というのである。

首都圏で〝関越《かんえつ》導水計画〟と呼ばれ、地元新潟では〝関東送水計画〟と呼ばれている関越総合水資源開発計画がそれだった。もともとは建設六団体が設立したジャピック（日本プロジェクト産業協議会）が昭和五十四年（一九七九年）に打ち出した構想で、信濃川の水を塞《せ》き止めて次々にポンプアップし、列島を横断して利根川に逆流させるという総額一兆円の巨大プロジェクト。名目はむろん首都圏の水不足の解消だ。昭和六十二年の関東地方の異常渇水期に、鈴木東京都知事が「信濃川の水を関東にもってくるくらいの計画が必要だ」と発言、埼玉県の畑知事も「水が余っているのにやれないというのはエゴイズム」と新潟県を批判し、にわかに現実味を帯びてきたという経緯がある。

新潟県議会は全県の長期水需要見通しと地域環境への影響調査から、すでに送水計画反対を決議しているが、相手は国家規模の大開発事業、首都圏の水事情によってはいつまたジャピック構想が日の目を見るかわからない。現に〝湖山荘〟によれば、「最近怪しい動きが周辺でいろいろ起きてる」らしかった。送水計画が具体化すれば、日本一の奥只見ダムの二倍以上の貯水量という超弩級《ちょうどきゅう》の黒又《くろまた》川ダムを始め、ダム・貯水池三箇所、発電所八箇所、水路トンネル八十四キロが建設されることになる。その中には、ようやく実現したイワナ・ヤマメの種川である北ノ又川をそっくり飲み込む北ノ又川ダムも含まれているのだ……。

午後二時三十五分、東湯之谷小学校の五・六年生の一行は終点の〝一合目石抱橋〟に辿り着いた。ここから子供たちは車に乗っていったん小学校へ帰る。健康的な、そしてきわめて爽やかな山間の小学校の秋の遠足と言える。

僕はコンクリート製の石抱橋の上から子供たちや教師に手を振った。江戸時代に銀の不法持ち出しを白状させるため石を抱かせた拷問《ごうもん》所の跡である。ジャピック計画によればこの地点に北ノ又川の清流を塞《せ》き止めるダム施設ができる予定の場所だった。

やがてイワナの産卵が始まる。
自然が設えてくれた舞台での大仕事が展開されるのだ

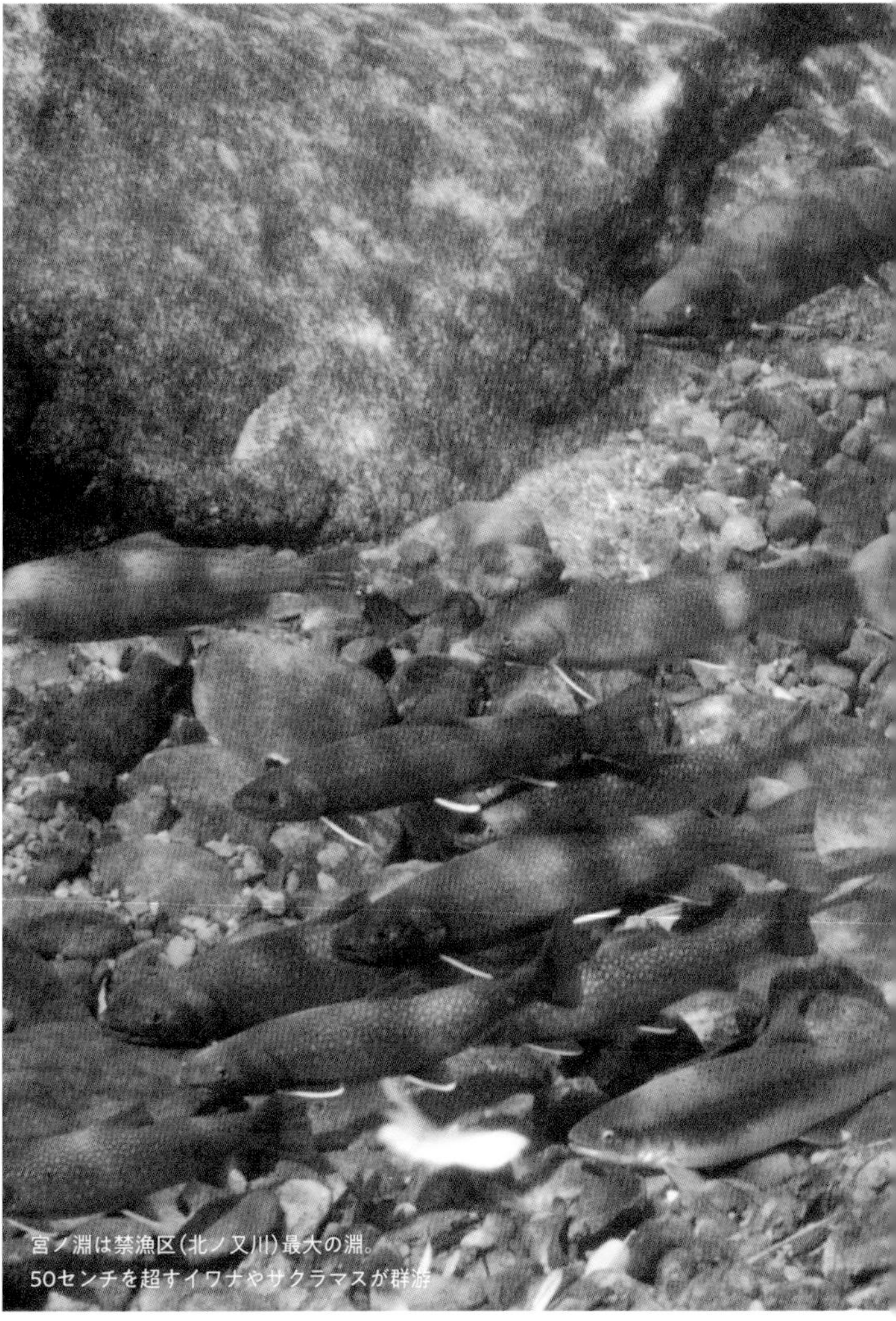

宮ノ淵は禁漁区（北ノ又川）最大の淵。
50センチを超すイワナやサクラマスが群游

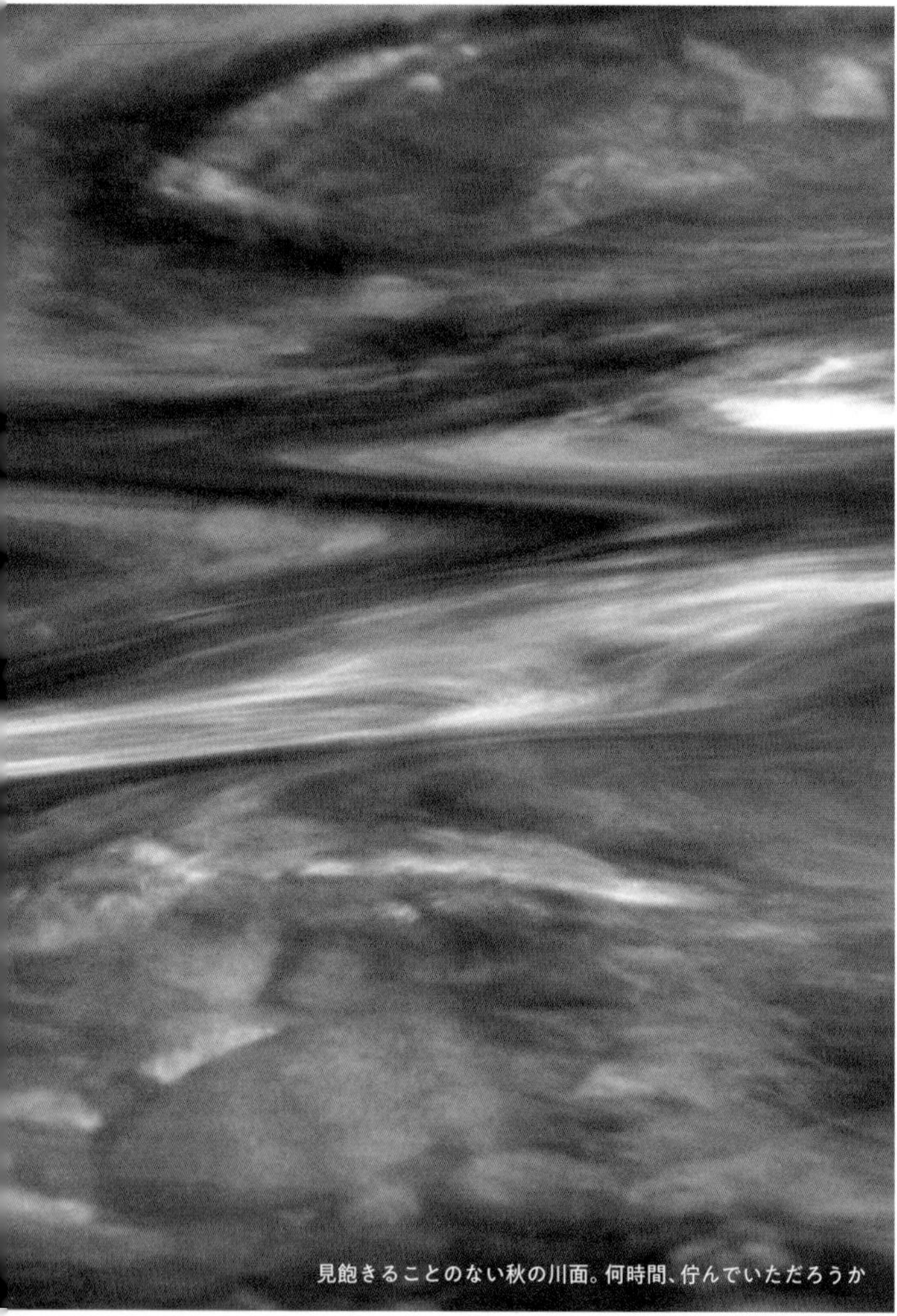

見飽きることのない秋の川面。何時間、佇んでいただろうか

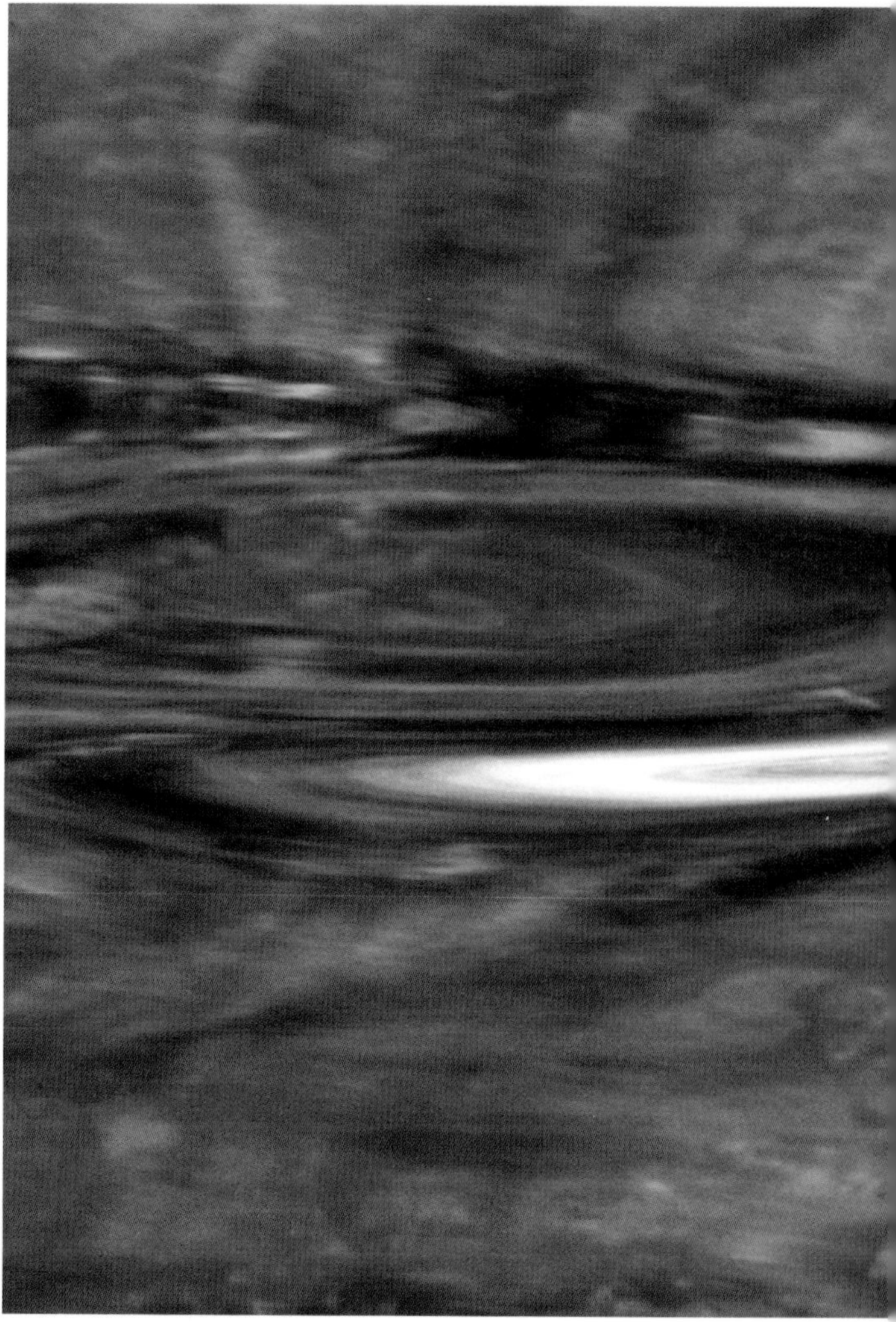

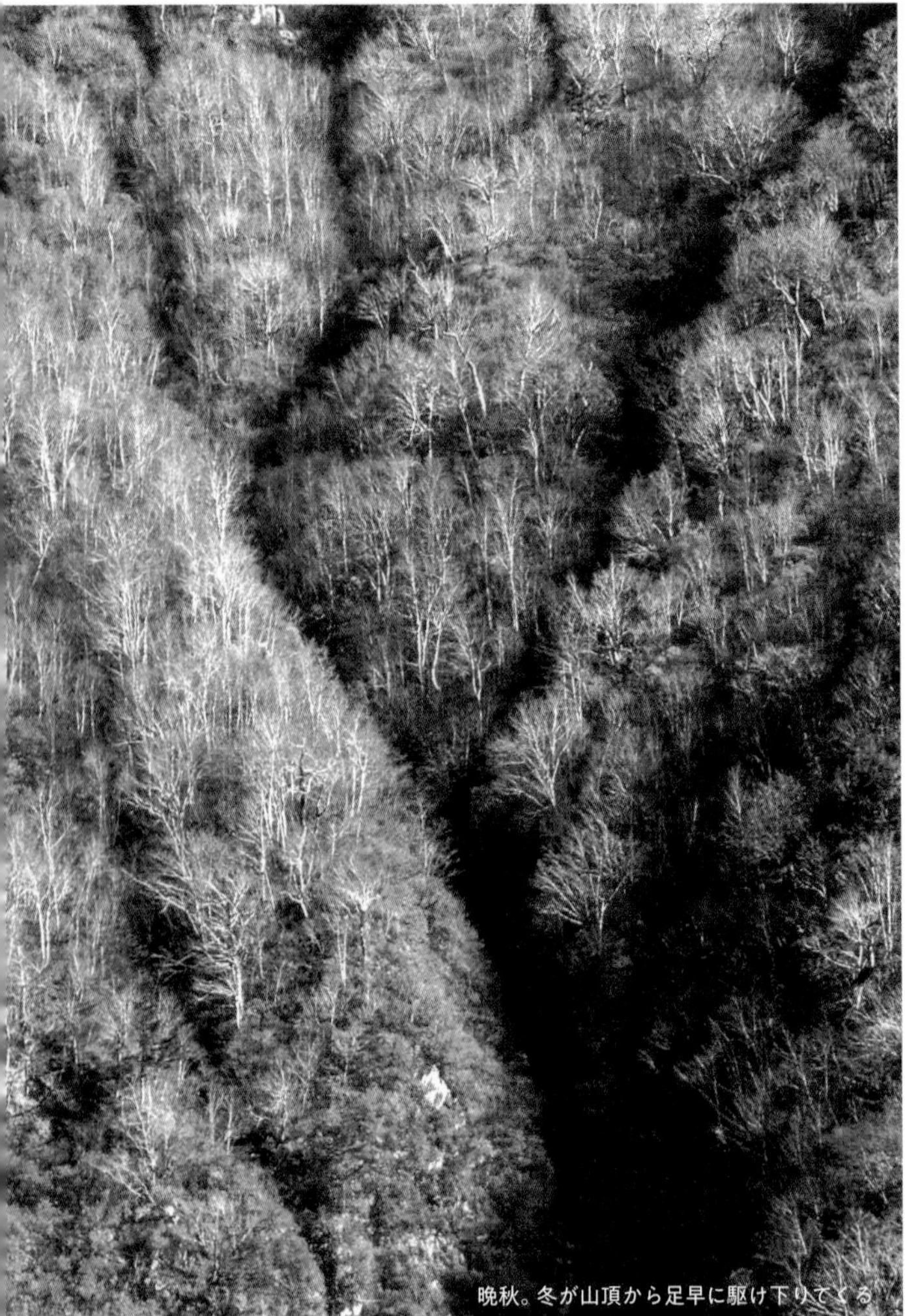
晩秋。冬が山頂から足早に駆け下りてくる

水は変幻自在。どんな宝石にもなれるようだ

体長70センチを超す雄のイワナ。
雌をめぐる争奪戦に敗れたのか？
傷ついた背ビレが痛々しい

人間にこれほどの赤が作り出せるだろうか？　気温と湿度の賜物

この透明な空気感が好きだ。少し肌寒いが、思わず見惚れてしまった

天然のナメコ。香りが素晴らしい

ウルシやハゼ、オオカメノキなどの"赤"が、山里の秋にアクセントをつけていた

山が燃える11月。冬はもうすぐ

生命はめぐる。自然死した親の周りを一年前のサクラマスの子が騒ぐ

晩秋の中ノ岐。あと10日ほどでこの国道352号線も通行禁止となる

大雪の前触れだろうか？　雪雲が垂れ込めてきた

渓は一晩で凍りつくことがある（佐梨川上流）

# 第二章 豪雪との共存

太陽にリングができると大雪。長い冬の始まりである

## クマみてェに冬眠してる

雪深い山村で、猟といえばいちばん先にノウサギ狩りのことが目に浮ぶ。それほど、雪国の山村ではノウサギ狩りがさかんで、それが山村の年中行事の一つみたいになっている。（高橋喜平著『雪国動物誌』）

〝村杉〟の長男洋一は北魚沼《うおぬま》郡猟友会湯之谷《ゆのたに》支部の会員で、狩猟が一番の趣味だった。本当は猟犬を使うヤマドリ猟が好きなのだがノウサギ猟もやらないわけではない。

平成三年（一九九一年）二月九日の朝、僕と写真家は宇津野《うつの》に来ていた。洋一がこの冬三度目のノウサギ猟に出かけるというので付いて行くことにした。

「ヤマドリは今シーズン四羽獲《と》ったけど、ウサギはまだ全然獲ってないんだわ。前二回も、いることはいたけど獲れんかった」

言葉の割にはそれほど気負いもなく、むしろニコニコとして愛用の散弾銃を肩に掛ける。三十八歳の洋一は十九の年から冬期の狩猟を続けているが、「熱中したのは最初の十年くらい、今は伝之助の邦《くに》さんがその時期」で、「おらの場合はもう過ぎた」らしい。

この日の猟には六十三歳の〝村杉〟も同行すると言い出した。親子は玄関の外に出ると長靴の下にカンジキを履いた。僕も写真家も同じようにして真新しいカンジキを付けた。

洋一は、野球帽に似た猟友会の帽子を被《かぶ》り、格子縞の厚手のジャケットという純ハンター・スタイルである。わずかに尻に短い毛皮の腰当てを付けているのが、日本の猟師の末裔《まつえい》を感じさせた。一方の〝村杉〟は普段着姿だった。ストーブの前でお茶を飲んでいた時のままのウールのシャツとジャージーのズボン。ただ、雪除けに山形の茅《かや》の笠を被っており、腰には鞘《さや》付きのナタ一本をぶら下げていた。

猟場は、〝村杉〟の簡単な服装が示すように、すぐ近くだった。二人は家の脇を回ると裏山の雪の斜面をいきなり登り始めた。「ウサギはそこら中にいる」と言う。

時折小雪が舞うものの、空を覆う雲は前日より明るさを増し、天候は落ち着きを見せていた。気温も摂氏一度、東京で予想していたほど寒くはない。急な勾配を銃を持った洋一が先頭になって登り、その雪の跡を踏みしめながら三人の男たちが続いた。

途中、〝村杉〟がナップザックの中から双眼鏡を取り出し、ついで長さを切り揃えた数本の木の枝も取り出して、我々に見せた。

「これがベェー。こうやって放る」

枝の一端を手に持って投げる恰好をした。

先刻、家の中で話に聞いたバイ（ベェー）打ちのことだった。その長さ三十センチほどの枝を空中で回転させるとノウサギの天敵クマタカの羽音がし、ノウサギは立ち木の根元に跳び込み恐怖で動けなくなる。そこを素手で捕まえるというひどく原始的な猟法である。

越後《えちご》の山間部にはこのほかにも、ヤマドリ追い（数箇所で大声を発し、疲れたヤマドリを雪穴に潜らせて捕らえる）、ムジナ掘り（冬眠中のアナグマの出口を塞いでおき、別方向からその穴を小鍬《こぐわ》で掘り進んで捕らえる）などの古代猟法が残っている由。山村独自の古い伝統文化が今日なお命脈を保っているわけである。もっとも、現在のバイ打ちが銃による狩猟の補助的手段にすぎないことは、バイを握った父親が決して銃を持った息子の前に出ないことでもわかった。

我々は宇津野地区の北側の裏山を尾根から尾根へと歩き回った。せいぜい二百メートルか三百メートルの高さの里山だった。尾根とは言ってもなだらかな円みを帯び、そこここに雪を被って立つ樹木も幹が細く、見るからに雑木ふう、スギやヒノキの植林樹のみが鬱蒼《うっそう》としていたが、それらは雪原を覆い尽くしているわけではなく、団塊状に散らばっていた。

たぶん、こうした林あり空地ありの環境が山の動物たちの棲息には適しているのだろう。雪の上のいたるところでテンやリス、ノネズミやノウサギの足跡を発見することができた。足元に広がる集落との距離を見ると、動物の棲息域と人間の居住域が驚くほど隣接しているのがよくわかる。冬期の雪は、植物が繁茂している期間は存在すら意識に上らなかったおびただしい数の寡黙《かもく》な動物たちの姿を、白いスクリーンに如実に映し出してくれるのだ。

午前十一時少し前だった。前を行く〝村杉〟が突然身構え、沢の方に向かってバイを放り投げた。沢の雪の斜面を突っ切る二羽のノウサギが見えた。一羽は上へ、一羽は下へ。

洋一は二十メートルほど前方ですでに銃を構えていた。

〝村杉〟が二本目を投げる。

バイの風を切る音はほんの短い間しか僕の耳に聞こえなかった。が、二本目のバイが回転しながら沢の上で弧を描いた時、上へ向かっていたウサギは一瞬立ち止まり、方向を転換してすぐ近くの灌木の根元に跳び込んだ。明らかにバイの音は効果を発揮したのだ。

洋一は銃を構えたままそろそろと沢を下りて行った。ノウサギの潜む灌木は沢向こう、距離にすれば百メートル弱ある。

ウサギが跳び出した。灌木の上方の険しい雪の崖を一気に駆け上がろうとする。タン、タン、タンと乾いた銃声が三回響いた。

別の灌木の根元に達する寸前のノウサギの体が伸び、ズルズルと斜面を滑り落ちた。

〝村杉〟の家の居間で薪《まき》ストーブのウサギ鍋を囲んでいると、洋一の娘が入ってきた。

「ウサちゃん見せて」

秋の遠足で会った五年生の佐藤望《のぞみ》である。

「うわァ、お父さんたち、やけに残酷なことしてるなァ」

鍋を覗き込んだ望は教科書を読むような共通語で言った。味噌仕立ての鍋の中では、大根やネギと一緒にウサギの肉が煮えていた。ブツ切りの顎《あご》の骨が浮き沈みしている。

「でもうまいんだぞ、このスープ」

〝村杉〟の妻ふじいが大匙で汁をすくってみせたが、孫娘は慌《あわ》てて首を振った。

「いやァ、しかし快い疲れだ」

〝村杉〟は手拭いで顔を拭い、笑った。

裏山で洋一が仕留めたノウサギは〝村杉〟がその場で仮処理を施した。皮を剥《は》ぎ、腹を切り裂いて内臓を取り去った。雪の上に放置した内臓は「カラスかテンが片付けてくれる」と言う。

谷の反対側斜面にはかなり上の方まで登っている別組の狩人たちの人影が二、三見えたが、洋一と〝村杉〟は一羽で満足し、我々は下山することになった。数多く獲っても最近は家族が食べないのだ。

「私ら若い頃は貴重品でさ、鉄砲持ってる人のとこへ買いに行くんだが、それでも一冬に二度か三度のご馳走だった。ウサギの肉が冬場に口にできる唯一の肉だったからね」

〝村杉〟は懐かしそうに言い、囲炉裏《いろり》を囲んでいた写真家や僕、つい先ほど姿を見せ一座に加わった〝教育長〟にウサギ汁を勧めた。

僕や〝教育長〟はすでに二杯目だったが、写真家は再度固辞した。写真家は牛・豚・鶏以外の変わった肉類は食べない。

ひとしきり猟の話題が続いた。

洋一が今は老犬となった愛犬ダンのヤマドリ猟における活躍を語れば、〝村杉〟がテン四匹をトラバサミで捕らえ佐藤家の女性全員に襟巻きとして一本ずつ贈った話をする。〝村杉〟とこの場にいない〝湖山荘《こざん》〟が以前クマ撃ち猟に参加した時のおっかなビックリ体験が回顧され、冬の銀山《ぎんざん》での〝湖山荘〟とタヌキの抱腹絶倒の知恵比べの話も出てきて……。薪ストーブが静かに燃える囲炉裏端で耳を傾けていると、彼らにとっては狩猟が単なるハンティングではなく、長い冬の期間のまたとない気晴らしであり、重要な娯楽であることがよくわかった。猟は、村人どうしのコミュニケーションを深める手段であると同時に、山に棲む動物たちを身近なものとして認識する機会でもあるのだ。

僕は、硬い肉よりも、もっぱらスープと野菜に舌鼓《したつづみ》を打ちながら尋ねた。

「十一月十日頃に旅館を閉めて銀山から下りてくると、翌年の四月十日頃山に登るまで、丸五ヶ月こんなふうにして過ごすわけですか？　冬の間は本当に働かない？」

「そうね、クマみてェに冬眠してる」

「手の平なめながらジッと春を待ってる」

〝村杉〟親子は口々に言って笑った。

実際は十二月に学生のスキー合宿を引き受けたり、洋一などはさまざまな頼まれ仕事をしたりと、多少の現金収入の道はあるのだが、「基本的に何もしない耐乏生活」だと言う。

「昔は藁《わら》打ちして縄を綯《な》ったり、蓑《みの》や草鞋《わらじ》を編んだり、板で曲げ物《まげもの》こしらえたりしてさ、冬場は冬場なりの決まった労働いうもんがあったども、今ははァこんな時代だ、あっちの家へ行っちゃお茶飲んで座り込み、こっちの家へ行っちゃ漬け物をつまんで世間話。おかげで腹が引っ込む暇がねェやな」

〝村杉〟はシャツの上からそんなに膨《ふく》らんでいるわけではない、むしろ年齢の割には固太りと思える腹を、ゆっくり撫でてみせた。

体格が父親以上に立派な洋一は、冬期に鉄砲撃ちとともに欠かさないのはスキー指導ぐらいだ、と言った。湯之谷村には三つのスキー場があるが、その一つ大湯《おおゆ》温泉スキー場で小学生を対象としたスキーのコーチをやっているのだ。パチンコ屋や飲み屋への入り浸りなど、村の若い男たちに比較的人気のある暇潰し法は、洋一の場合、所帯を持ってからもう縁がなかった。

「ところで、開高さんの碑だけんどのォ」

ウサギ汁を食べていた〝教育長〟が顔を上げた。鞄《かばん》から数枚の書類を出して広げる。

「国定公園内にそうしたもんを建てるには許可がいるそうでの、申請しておいたからもう二週間もすれば許可が下りるじゃろ」

この日〝教育長〟が立ち寄ったのは、石碑の件に関する中間報告が目的らしかった。

銀山平に〈育てる会〉の前会長、平成元年十二月九日に急逝した開高健《たけし》の文学碑ないし顕彰碑を建てたらどうかという話は、昨年秋に銀山平を訪ねた時に僕も聞いていた。建てるとすれば建立《こんりゅう》場所は、北《きた》ノ又《また》川をイワナ・ヤマメの〝種川《たねかわ》〟として残したいという作家の遺志からも、また、北ノ又川のダム化を図るジャピック構想を頓挫させるためにも、北ノ又川河口の石抱《いしだき》橋付近、監視小屋横の雑草地あたりが適当というのが、〝湖山荘〟〝村杉〟〝教育長〟三人の共通意見だった。

けれども僕は、計画がここまで具体化しているとは思わなかった。〝教育長〟は、建てる場所どころかその時期、石碑の大きさや碑の文面まで考え、すでに作業を進めていた。

「開高さんの作品の中に〝河は眠らない〟って言葉があるんだわ。その真筆《しんぴつ》を頂戴して、〝河は眠らない　開高健〟と。一文字四十センチとすれば高さは四メートルほどになるかの」

図面を〝村杉〟に見せながら話す。

「うん、除幕式が七月の末か……」

〝村杉〟は呟《つぶや》き、写真家は、

「さすが〝教育長〟、仕事が速い！」

と言って〝教育長〟の肩をポンと叩いた。

浅黒く痩せた〝教育長〟はニヤリと笑い、それが特徴の八の字眉を困ったように寄せた。〝教育長〟は〈育てる会〉発足当時の役場の企画観光課長で、開高健とも生前何度か話を交わしたことがあった。一時酒で体を壊して療養していたが六年半前にキッパリ断酒し、写真家に言わせれば「もともとアイデア豊富な人だったけど、酒を断って以後一段と冴えるようになった」という。

「これ一つ食べてみっしゃい。徹也さんもどうぞ、さ、さ」

〝村杉〟の妻のふじいが、串から外した焼き鳥のようなものを皿に載せて持ってきた。ノウサギの内臓の塩焼きだという。肝臓と心臓と腎臓。言われるままに食べてみると、香ばしくて上品で貧相な獣《けもの》の肉とは思えない。特に腎臓がいける。

「うまい！」

思わず言ってしまうと、案の定、写真家は「ほんとに?!」と顔をしかめた。

## おおらかに、自然に

都市に住む人間は農村を歩いているときより山村を旅行しているときの方が、より大きな歓迎を受けたという経験をよくするはずである。それは農村では都市の人間がうろつくことはときにジャマでさえあるのに、山村ではそれが都市との絆を維持している証明にみえるからである。（内山節著『山里の釣りから』）

伝之助小屋（通称〝伝之助〟）の若主人佐藤邦雄の家を訪ねた。〝村杉〟や洋一に、「山向こうにいたのは伝之助の邦さん」「いっぱいウサギ獲ってもう家に戻ってるはず」と教えられたからだ。

午後三時すぎ、邦雄はまだ帰宅していなかった。妻のよし子に「じき帰ってくるから」とお茶を勧められた。居間には囲炉裏ではなく、〝湖山荘〟の家と同様炬《こ》燵《たつ》があった。

「ウチも冬場はこうやってゴロゴロしてますよ。お父さん(邦雄)は毎週日曜、スキー場で手伝いやってるけどね。山では一生懸命働いてるんだもの、雪が降ってる間ぐらいのんびり骨休めしなくちゃ」

伝之助小屋でも十二月中はスキー合宿で営業することが多く、正味「骨休め」ができるのは一月から三月までの三ヶ月弱らしい。

邦雄・よし子夫妻は、邦雄の父親広文が今なお現役なので、形の上では〝村杉〟の家の洋一・まゆみ夫妻と同じく第二世代ということになる。しかし、年齢的には邦雄が四十三歳でよし子は四十二歳、第一世代である〝湖山荘〟の家と同じ年の高校生の娘がいる。長女の美雪《みゆき》だ。彼女は〝湖山荘〟の長男慎治《しんじ》と同じ高校に通っている。

「奥さんは地元なんですか?」

僕はよくできた野沢菜漬けをつまみながら、よし子に尋ねた。

「違いますよ。信州です」

長野県小県郡《ちいさがた》の出身だという。

邦雄が東京・赤羽《あかばね》の鋼材会社で働いていた昭和四十六年（一九七一年）に職場結婚し、結婚を機に夫の故郷に移り住んだのだ。湖山荘の四十三歳の澄子は同じ村の七日市《なのかいち》地区の出身、フィッシングハウス村杉の三十六歳のまゆみは東京出身で洋一とスキー場で知り合って結婚しているから、三人の女性は、それぞれ異なる形で銀山平の釣り宿の〝嫁〟となったわけだった。

「だけどねェ、時々考えちゃうことあるわよ。これでよかったのかって、ね」

よし子は頬杖をついて口を開いた。

「これでって、結婚のことですか？」

「そうよ。東京では腕組んで歩いてたのに、こっちへきたら〝おい、近寄るな〟でしょ。一緒にスキーに行っても〝俺、先に滑るから、お前あとからこい〟だもん、びっくりしちゃう。もっと優しい人だと思ってたのに……」

突然の思いもかけない率直な言葉だった。

僕と写真家は顔を見合わせ、微笑《ほほえ》んだ。

「どこでもそんなもんじゃないですか？」

「そうかしら」

「日本の男なんて似たり寄ったりですよ。家庭を持てば大体そうなります」

「でも、最近の若い人たちは違うでしょ？　子供が大きくなってからの離婚がはやってることなんか、お父さん考えたことないんでしょうね、きっと」

よし子は言って、茶碗の縁を指でなぞる。

外は一面の雪景色である。世界有数の豪雪地帯の山村で、十八歳の娘のいる主婦が、夫とのより望ましい関係を、やがてくる春より切望していることが意外だった。七部屋もある昔風の頑丈な造りの家の中、中央からの家族像急変の情報メッセージは一家の主婦にのみ鮮烈に届いているようだった。

「村杉のまゆみさんは、ここでは教育が一番の問題って言ってましたけど、それはどうですか？　半年山で暮らしてるから、麓《ふもと》の生活との調整が難しいって……」

僕は話題を広げた。

「それはありますね。冬しか宇津野にいないから仲間外れにされやすいのね。小学校二・三年になると〝山に行きたくない〟って言い出したりしますよ」

「中学・高校も大変でしょ？」

「ええ、そうなると親子別々の生活ですから。私たちが山にいる間は、爺《じい》ちゃんか婆《ばあ》ちゃんか誰か家にいてもらわないと、子供たちだけで暮らすことになるんです。でも、たとえ面倒みる人がいてくれたとしても、難しい年頃だからいろいろと心配の種《たね》はありますよ」

炬燵の端では、次女の小学校三年の愛《あい》が寝転んで塗り絵をしていた。母親を振り向き、「今度、糊《のり》買ってくれ」とポソッと言う。

「湖山荘の慎治君は東京の専門学校に進みますが、美雪さんは高校卒業後は?」

「東京の服飾関係の専門学校に行きます」

「やっぱりね」

「スタイリストになりたいって。若いうちはともかく、〝将来は婿《むこ》とれよ〟と言ってるんだけど〝絶対いや!〟、だそうです」

ふーっと小さな溜め息をつく。

その時、玄関のガラス戸が開いて男の声がした。午後四時、ノウサギ猟に出ていた邦雄がようやく戻ってきたのである。

「今日か?　五羽だ、五羽獲った」

玄関先で出会った邦雄は、このところ毎日のように猟に出ているというだけあって、眼鏡の下の顔が雪に焼け真っ黒だった。身長の割に小ぶりな顔が、雪焼けで引き締まってよけい小さく機敏に見えた。

邦雄は表に出ると、置いてあった袋の中からノウサギを取り出して雪の上に並べた。毛皮を剥がれ、生まれたての獣の仔を拡大して硬直させたような肉塊が一つ二つ、全部で五つ。またたく間に雪の表面に血が滲《にじ》む。

「おぅ、今年は出るたんびに獲っとるのぉ。今日はヤマドリも二羽出たんだわ。俺がウサギ獲った向かい側にいっぺいるんだのぉ。だども今年はヤマドリ三つ獲ったし……」

手早く道具類を片付けながらも喋り続ける。猟の時の興奮がまだ尾を引いているようなやや昂《たか》ぶった口調だった。

邦雄が狩猟免許を取って今年で七年である。僕は洋一の「熱中するのは最初の十年くらい」「今は伝之助の邦さんがその時期」という言葉を思い出した。妻の方を見ると、よし子はノウサギから離れた玄関脇で腕を抱え、寒そうな表情で眺めていた。

「いつもこんな時間ということは、奥さんに弁当作ってもらって出かけるわけですか？」

僕は邦雄に聞いたのだが、返答はよし子の方が早かった。

「私は作りませんよ。遊びに行く時は自分でおにぎり作るんです、可哀想に」

邦雄は苦笑いした。そして小声で、

「春のクマ撃ちも行きたいがの、〝奥さん〟が怒るもんで……」

と言って、僕と写真家を改めて家の中へ誘った。袋の中へ詰め直したノウサギはあとで近所に配るらしい。〝伝之助〟の家でも自宅では狩猟の獲物をあまり食べないのだ。

先ほどまで我々が温まっていた座敷の炬燵に入ったとたん、「痛ッた、た」と邦雄は足を引っ込めた。両足の筋肉がつったようだった。が、猟で雪山を歩いたせいではない。

「四日から七日と銀山行っててよ、雪掘りしたんさ。その後遺症だな」

顔を歪《ゆが》め、両腿《もも》をトントンと手で叩いた。

このあたりでは雪下ろしのことを雪掘りと呼ぶ。それだけ屋根に降り積もる雪が多いというわけだが、上越新幹線を浦佐《うらさ》駅で降りて、小出町《こいでまち》、湯之谷村宇津野地区と見てきた限りでは、驚嘆するほどではなかった。国道352号線沿いに湯之谷村の奥へ進むほど雪は深くなり、宇津野周辺では道路の両側が高さ四メートル近い雪の壁となるが、それは大型除雪車が道路の雪を常時除去し積み上げているからで、人家の周りの平坦地の積雪はせいぜい七十センチほど、屋根にいたっては三十～五十センチだ。中には勾配を急にして自然落下させたり、屋根にヒーターや消雪パイプを取り付けている家もあるので、雪の痕跡がほとんどない屋根も珍しくはない。

〝村杉〟の話では、ここ二年は暖冬、この冬も例年より雪が少ないとのことだった。

「いやァ、そんでも山の方はひでェ雪だ。月に一、二回は雪掘らねェと潰れっちまう」

邦雄は三日間泊まり込んで掻き出した雪の具合がどんなものか、手振り身振りで話した。僕は、これは雪に閉ざされた銀山平へ一度行ってみなければならないかな、と思った。

「秋さんよォ」

邦雄は写真家の方を向いた。

「開高先生の後釜《あとがま》は決まったのかの？」

〈育てる会〉会長の後任のことだ。

「まだだけど、いいんじゃないの、無理して決めなくても」

開高が鬼籍《きせき》に入《い》って一年余、この間〈育てる会〉の会長席は空席になっていた。後任会長に関しては事務局はじめ関係者の間でいろいろ議論されているが、どの候補者も帯に短し襷《たすき》に長しで、意見の一致をみるまでにはいたっていなかった。

開高が会長就任後銀山平に足を運んだのはおよそ五年、それ以降はとんと姿を見せていない（晩年は〝長良《ながら》川河口堰《ぜき》建設に反対する会〟会長として知られた）。が、それでも、会員たちにとって開高会長の存在と影響は大きかった。会の中核となっている銀山平の釣り宿の主人たちが、本気で川魚の保護育成を考えるようになったのは、何といっても開高との出会いが契機だったからだ。

「開高さんに匹敵する人なんていないもんね。中途半端な人を新しい会長に選ぶくらいなら、開高さんの名前だけ借りて、ずっと名誉会長やってもらった方がよっぽどいいよ」

後任会長をめぐる各種の議論に関わってきた写真家の、それが結論だった。

「うん、そうだな……」

邦雄も頷いてタバコに手を伸ばす。

伝之助小屋の〝若夫婦〟は、夫も妻も、事前連絡なしに不意にやってきた我々を、おおらかに自然に迎えてくれた。同様のホスピタリティーは〝湖山荘〟や〝村杉〟の家族からも感じた。

これは何なのだろう、と僕は思った。冬期の我々は泊まり客ではない(我々は大湯《おおゆ》の温泉旅館に宿泊していた)のに、親切で気さくな態度は変わらないのである……。

よし子がお茶請《う》けに新しい野沢菜漬けといぶしタクアンを出してくれた。後者はこの地方独特のタクアンの燻製《くんせい》だが、これがまたうまかった。お茶請けに出される漬け物がどれも美味なので、ついつい腰が落ち着いてしまう。冬場の労働から解放された土地の人々が、「あっちの家でお茶飲み」「こっちの家で漬け物つまんで世間話する」のは、これだけ条件が整えば、当然のことのように思われた。

## 共にこの山で生きる

暖国の雪一尺以下ならば山川村里立所《たちどころ》に銀世界をなし(中略)勝望美景を愛し、酒食音律の楽《たのしみ》を添え、画《え》に写し詞《ことば》につらねて称翫《しょうがん》するは和漢古今の通例なれども、是《これ》雪の浅き国の楽《たのし》み也。我越後のごとく年毎に幾丈の雪を視《み》ば、何の楽《たのし》き事かあらん(鈴木牧之《ぼくし》著『北越雪譜』)

写真家の運転する車で長く薄暗い奥只見《おくただみ》シルバーラインのトンネルを走っていた。

粗削りの岩肌が染み出た水に濡れて光り、ところどころ灯《とも》る橙色《だいだいいろ》の電灯に照らされた路面がゆるやかなカーブを繰り返している。SFX映画のセットに迷い込んだような異次元感覚はいつもと変わりないが、一般車両通行禁止(我々は通行許可証を得ていた）の冬期のこの時期には、加えて殺伐《さつばつ》とした廃墟の気配が漂っていた。

天井の岩盤や両側の吹き付け壁がそこここで崩れ、剥げ落ちている。大半は柵で囲って補修工事が施されているものの、道路上には、土砂が盛り上がったままの手付かずの場所が何箇所もある。工事現場にはどういうわけか人影が少なかった。たまに何人かの姿が車窓に見えても、工事の物音は聞こえず、まるで亡霊のようだ。そして普段と違い自動車の往来がまったくないせいか、トンネル内の視界は遠くまできき、その単調なガランドウぶりがいっそう寂寞《せきばく》感を強めていた。

「難工事で、だいぶ死んだらしいですよ」

写真家が呟く。

「……そうでしょうね」

あまりにも状況にピッタリの話題なので、僕はそれだけ答えて黙った。

奥只見シルバーラインという洒落た名前を持つ暗いトンネルは、本来、〈でんぱつ〉（電源開発株式会社）が奥只見ダムの建設資材運搬用道路の一部として掘《くっ》削《さく》したものだ。昭和三十二年（一九五七年）に開通し、湯之谷村の湯中居《ゆなかい》から奥只見発電所まで全長二十二キロのうち十八キロがトンネルである。昭和四十六年から五十二年までは県営有料道路として使用され、この時シルバーラインという名称になり、その後一般に開放されたのである。

山裾《やますそ》の村から銀山平へ行くには、徒歩で山越えをする〝銀の道〟を除けば、このシルバーライン経由と枝折《しおり》峠経由の二本の自動車道路があるが、通常利用されているのは距離が短く勾配も急ではないシルバーラインの方だった。日に四便の定期バスもシルバーラインを往復しており、観光シーズンに数珠《じゅず》つなぎの観光バスとすれ違ったりすると、狭いトンネル内は天井ギリギリまで車体で塞《ふさ》がってしまう。冬期の車両通行禁止期間以外はそんな交通頻繁な、山間《やまあい》の〝銀座通り〟とも言える道路だったのだが……。

岩穴の中を疾走すること約二十分、そのまま真っ直ぐ行けば八キロで奥只見ダムという二股で、我々は銀山平方面へと右折した。

とたんに、車は徐行し、停車した。

出口が閉ざされて行き止まりなのだ。

頑丈な鉄骨が組まれ、路面から天井まで分厚いキャンバス布が張りめぐらされていた。車が数台、キャンバス布の手前に停めてあった。外との出入りは中央下段の畳一畳ほどの板戸を開閉して行われるらしく、少しずれた板戸から雪が吹き込んでいた。その板戸の向こう側に青白く輝く雪の壁が見える。

「ここから先はカンジキで歩きましょう」

車を降りた写真家が、僕にカンジキを手渡して言った。

雪で覆われた銀山平はその地形がすっかり変わってしまい、秋に数日間滞在しただけの僕にはどこがどこなのか見当がつかなかった。

「あれ？　確か銀山平の入り口へんに橋があったはずですよね？」

「あの右の方にちょこっと見えてる赤いのが白光岩橋《びゃくこういわ》の欄干《らんかん》です。だから右寄りに歩かないと危ないですよ、左側は雪庇《せっぴ》だから崩れちゃうと川に転落しますよ」

脅《おど》かされて、欄干よりはるかに高いところにある雪の上の道を、眼下に流れる水の冷たさを想像しながらそろそろと歩く。

川端に銀山茶屋という平屋の建物があったのだが、正面の看板の一部を残して全体がスッポリと雪に埋もれていた。正面以外の三方向から見れば単なる雪の丘にしか見えない。

道路標識には青地に白く〝左　檜枝岐《ひのえまた》・御池《みいけ》〟〝右　枝折《しおり》峠〟と文字と矢印が記されていた。バスがその下を通れる高さだから地面から四、五メートルはあるはずだ。それが今は我々の顔の高さだった。ジャンプすれば標識の上によじ登ることさえできる。

あたりを見回しても一面の雪だった。雪の山、雪の道路、雪の原。雪によって川幅を著しく狭められた川と、凍りついた湖面に雪が降り積もり水辺が遠く後退してしまったダム湖。雪に押し潰されそうなバンガロー。雪の重みで裂けてしまった木々。強風で吹き溜まった雪があちこちに砂丘のような小山をつくっている。斜面から滑り落ちた雪が崖沿いの道路を消滅させ、川原までなだれ込んでいた。

里の集落に比べると標高がおよそ六百メートル高い銀山平では、雪は人間によって制御も管理もされておらず、その本来の荒々しい力を存分に発揮していた。人間の知恵の所産である構造物に容赦なく襲いかかり、圧倒的に勝利を収めていた。邦雄が語っていたとおりだった。いにしえの越後の暴力的な豪雪が、二月の銀山平ではまだ健在なのだ。

僕と写真家は、雪のない時なら五分とかからない距離を三十分近くかけて歩き、ようやく湖山荘の前まで辿り着いた。

湖山荘の玄関先は雪が山をなしていた。屋根は雪下ろしをすませたらしく茶色のトタン板を見せていたが、下ろした雪を家の前に捨てたのだろう、二階の窓よりも高く積もっている。とても乗り越えて行けないので、道のついていたログハウスの裏手を大回りして玄関前に出た。

「おゥ、よう来たのォ」

厚手のジャンパーに長靴、カンジキ姿の〝湖山荘〟が玄関前でスノーロータリーを修理していた。スノーロータリーというのは刃のついたコイル状のロータリーで雪を掻き込み、象の鼻のような筒でその雪を遠くへ吹き飛ばすキャタピラー式の小型除雪車である。

「じき終わるから、中でお茶でも飲んでてくれや」

〝湖山荘〟に言われて中に入った。

湖山荘はいちおう旅館なので、玄関の三和土《たたき》は広く、上がり口の玄関ホールとまではいかない小空間には、ジュースやタバコの自動販売機のほか各種の土産物が所狭しと置いてある。いや、あった。秋には確かに山で採ってきたマイタケ、ナラタケなどのキノコ類、さまざまな山菜の瓶詰め、加工品、イワナ・ヤマメの甘露煮、越後餅などの菓子、郷土玩具、絵葉書、木工品などがギッシリ並べて置いてあったのだが、今や品物の数は四分の一ほどに減少している。腐らない物がわずかに残されているばかりだ。

三和土の脇の事務室は、カーテンが下がり、戸が締まっていた。奥の厨房《ちゅうぼう》も薄暗くひっそりとし、棚に片付けられた調理用具が鈍い光を放っている。その隣の大広間は、こちらはもう、雨戸を閉め切って真っ暗闇の洞窟《どうくつ》同然だった。

唯一電灯がついていたのが玄関脇の四畳半である。小柄な老人が一人、部屋の隅でお湯を沸かしていた。佐藤清一郎、六十六歳、〝湖山荘〟に頼まれ手伝いにきていると言う。普通なら息子が手伝いにくるはずだが、慎治は今「自動車学校に通ってて忙しい」らしい。

我々がフィッシングハウス村杉から湖山荘まで三十分もかかったと言うと、

清一郎は、前回来た時は吹雪で二時間以上かかったと言った。〝湖山荘〟と一緒だったが、首まで雪に埋もれて前が全然見えなかった、と。

「ああ、あん時はひでかった。冬山で登山者が遭難する状況がようわかったのォ。粉みてェな雪で、方角はわからねェ、息はできねェ、はァ、もう死ぬんじゃねェかと思った」

作業が一段落した〝湖山荘〟もやってきて、炬燵《こたつ》に潜り込んだ。風が強くなっていた。湖山荘は湖畔の断崖の上に建っているので、銀山湖からの風をまともに受けると、二階建ての建物全体が音を立てて軋《きし》むような気がする。一年のうち五ヶ月近くも雪に閉ざされ、しかもしばしば雪混じりの強風に晒《さら》されるとなると、この地に家屋を維持するのも大変だと改めて思った。

「手ェ抜いて放っとけば何百万の損だ」

昼食の弁当を広げ、〝湖山荘〟は言った。

「だからさ、冬場は稼ごうなんて思っちゃなんねェな、守りに徹せねばなんねェ」

『北越雪譜』にある〝雪の為に力を尽し財を費し千辛万苦《せんしんばんく》する〟という言葉は、銀山平の釣り宿に関しては現在も通用する。

我々も持参した弁当を食べ始めた。

食事中、最大の話題となったのは白ギツネのことである。昨年の後半数ヶ月の間、銀山平各地で白いキツネが目撃された。非常に人馴れしたキツネで、車を停めるとその前で寝そべったり、カメラを向けると逃げずに踊ってみせたり。〝村杉〟などすぐそばにやって来たキツネに手で直《じか》に餌まで与えたほどだ。

「素直だったがのォ。最初は犬だと思ったんだ、あんまり意地がよくてさ」

「んー、したどもな、死んでるろ」

その白ギツネがこの冬に山を下りられず死んだというのが〝湖山荘〟と清一郎の意見だった。十一月十日の下山以来一度も姿を見ていないというのだ。

「尻っぽは太かったけど耳が立ってなかったから、仔ギツネだったんだよね」

写真家も同意する。僕も写真家も昨秋伝之助小屋の近辺で白ギツネを見かけていた。

白いキツネの思い出話を交わしながら、僕が感じていたのは人々の山の動物に対する不思議な優しさだった。この冬、〝湖山荘〟も〝村杉〟も〝伝之助〟も銀山平にテン獲り用の罠《わな》を仕掛けていない。毎年真冬の一月には必ず雪原に罠を仕掛けていたのに、今回は三軒に限らず銀山平の住民全員が罠猟を自粛しているのだ。山に残っているかもしれない白ギツネが間違って罠にかかるのを恐れてのことだが、わからないのは、人々が口々に「あのキツネは絶対死んでる」と言い合いながら、それでもなお罠猟を手控えていることだった。

これはどういうことだろう、と僕は思った。

奇妙な優しさは白ギツネに対してばかりではない。例えば、三度の食事よりヤマドリ猟が好きな洋一のヤマドリに接する態度。銀山平でタカに襲われ怪我《けが》をしたヤマドリを拾った時は、傷の手当てをして山へ逃がしてやった。宇津野の自宅にガラス窓を破ってヤマドリが迷い込んできた時も、狩猟期間だったにもかかわらず捕まえて放してやっている。

人々にとって山の動物たちは、確かに狩猟の対象であり、その狩猟は我々都市生活者が考えるのよりはるかに重要な娯楽なのだが、それだけではない何かが、人々と動物たちの間にはあるようなのだ。〝同じ山に暮らす生き物〟としての共生意識に似た、何か……。

「東京の政策ってのは地方を食いながら大きくなってく政策だからさ、それを撥《は》ねのけていくためには地方がしっかりしないとダメなわけさ。おらたち、地方に住んでる者は、ちったァ苦しいことや不都合なことがあってもへこたれちゃおれねェんだ。そこで……」

いつの間にか話題は〝湖山荘〟十八番の「地方はいかに生き残るべきか」論に移っていた。僕や写真家、清一郎を順番に睨《ね》め回すようにして見る上目使いの目つきが違っていた。自分よりずっと年下の〝湖山荘〟を「おやじ」と呼んで敬愛する清一郎が、しきりに赤い顔をして頷いている。

ふと見ると、部屋の畳のあちこちに緑色のカメムシがのそのそと這《は》っていた。目を凝《こ》らすとテントウムシも何匹か交じっている。雪の中で静かな情熱をつましく燃やしながら生き延びているのは人間のみではなさそうなのだ。

〝湖山荘〟と清一郎は、午後もう一仕事をし、この日は一晩、山に泊まる予定だった。

宇津野から見た山々。"湖山荘"も"村杉"も、
雪のある季節は山を下り、この宇津野で暮らす

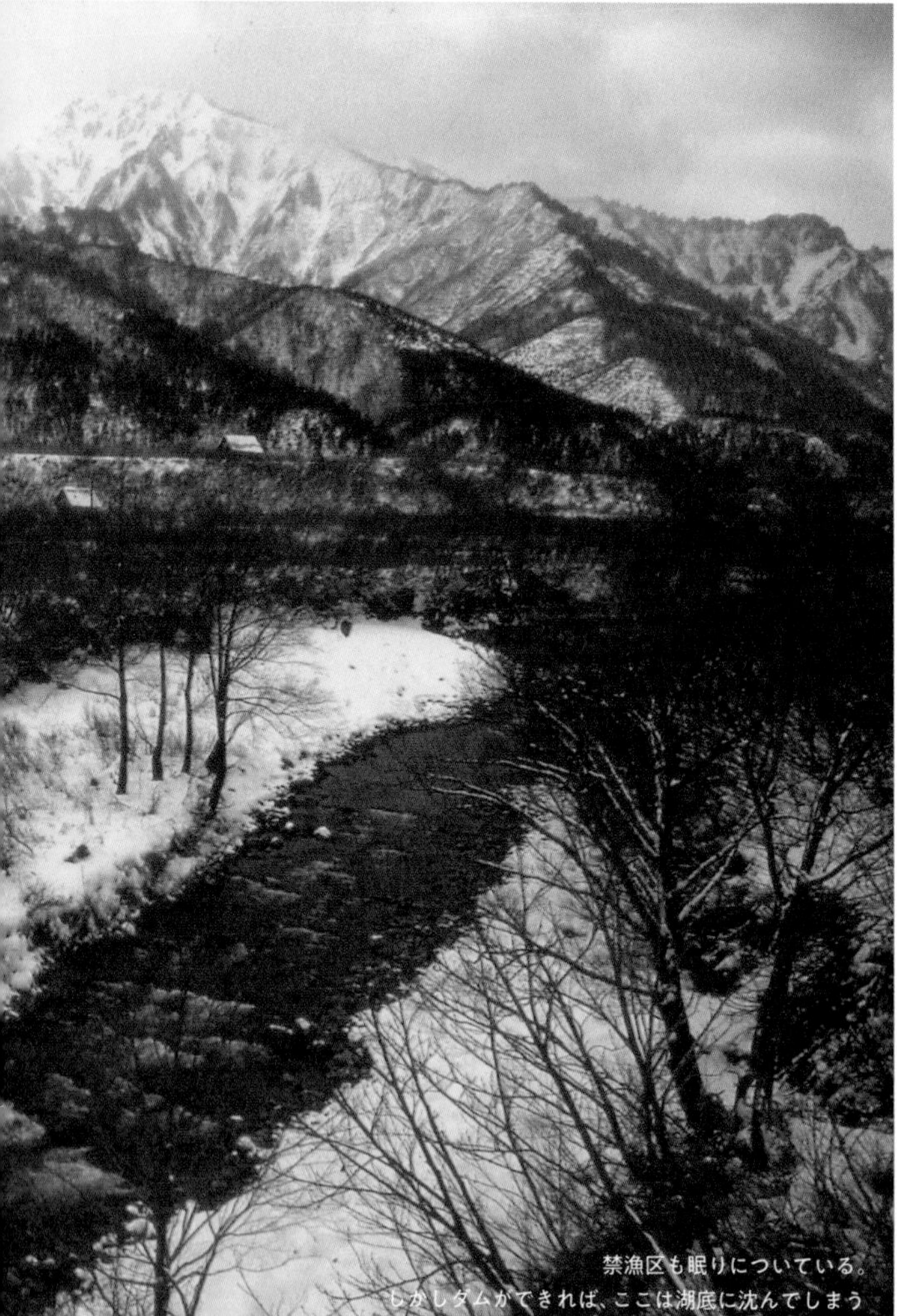
禁漁区も眠りについている。
しかしダムができれば、ここは湖底に沈んでしまう

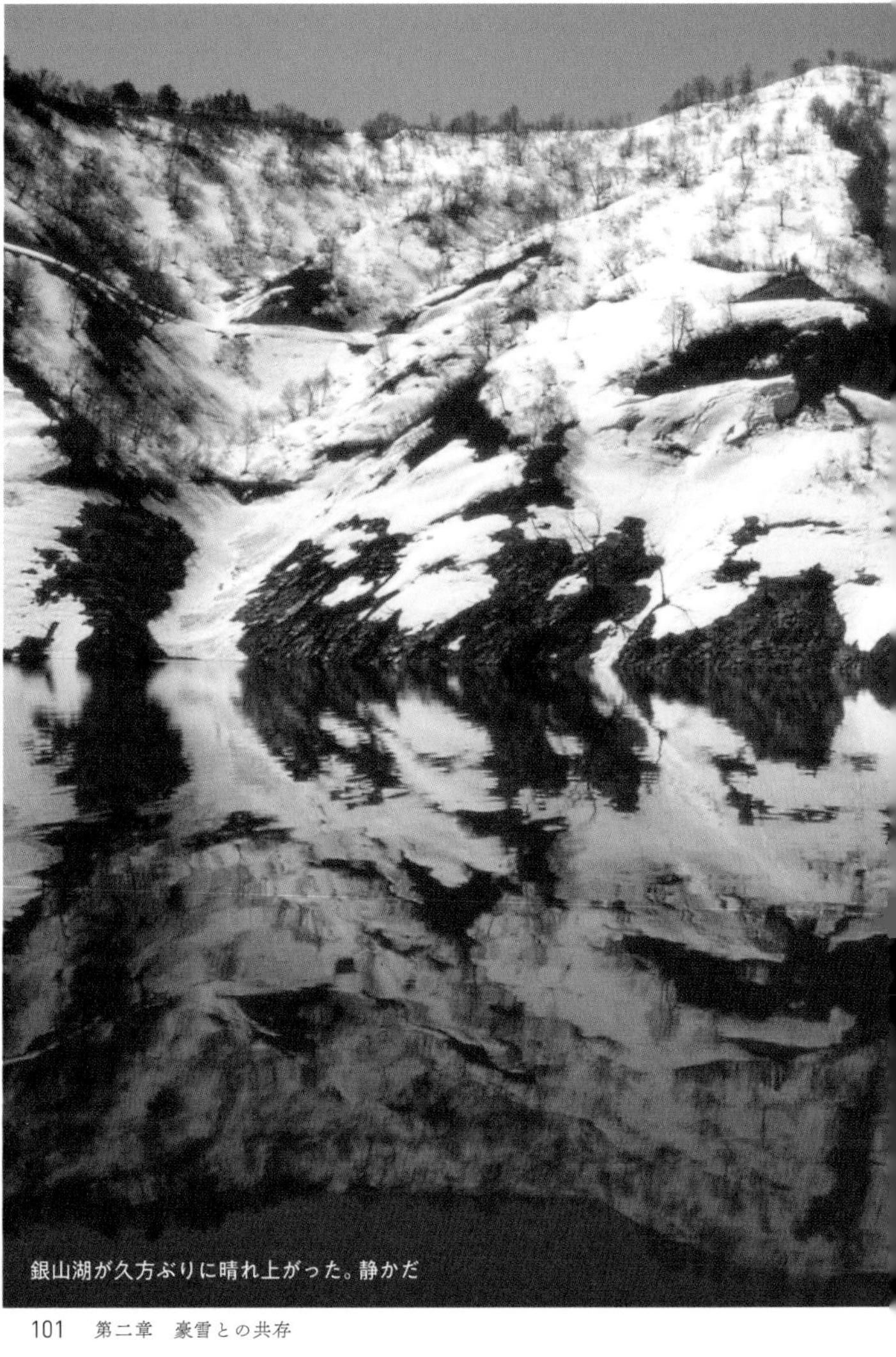
銀山湖が久方ぶりに晴れ上がった。静かだ

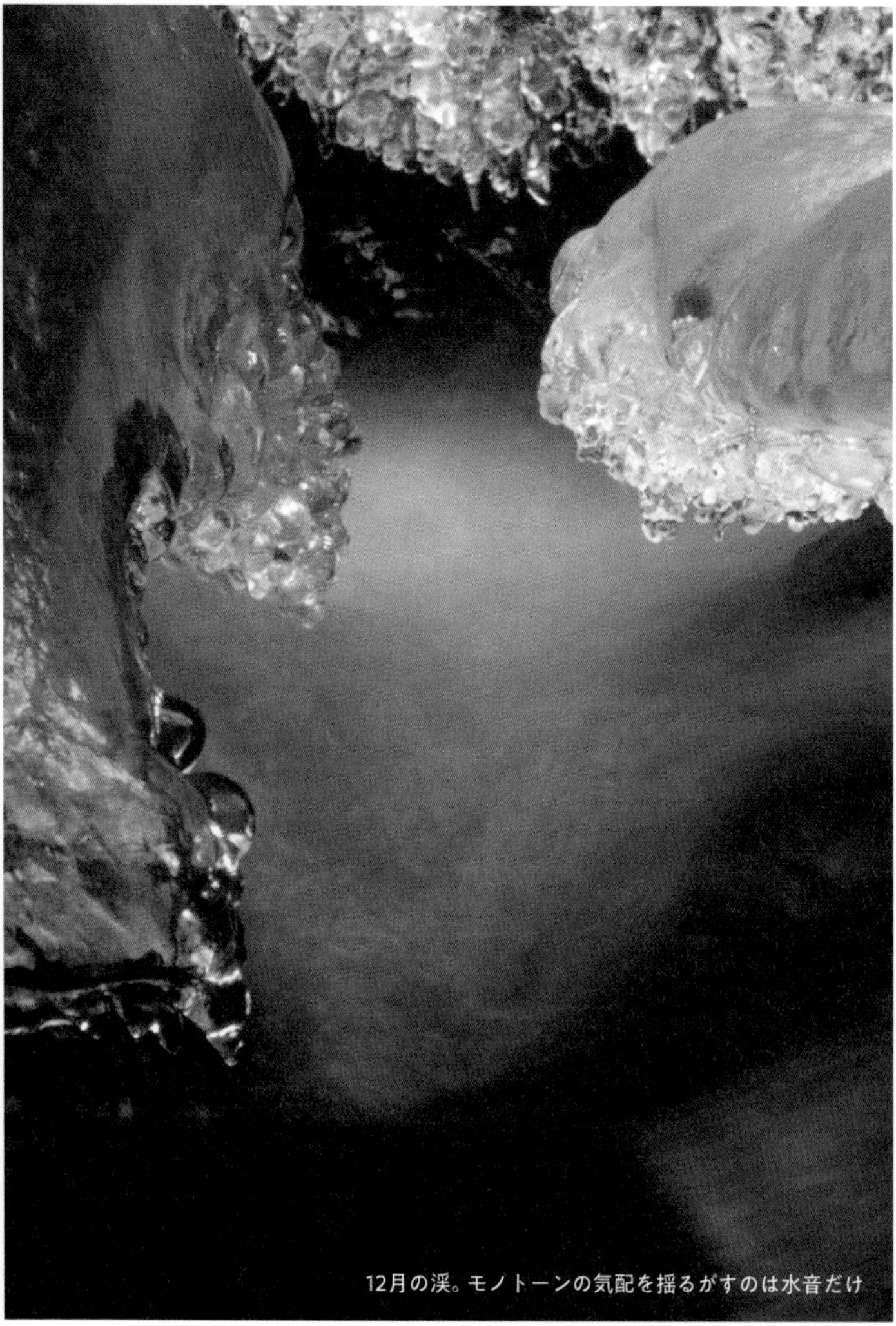

12月の渓。モノトーンの気配を揺るがすのは水音だけ

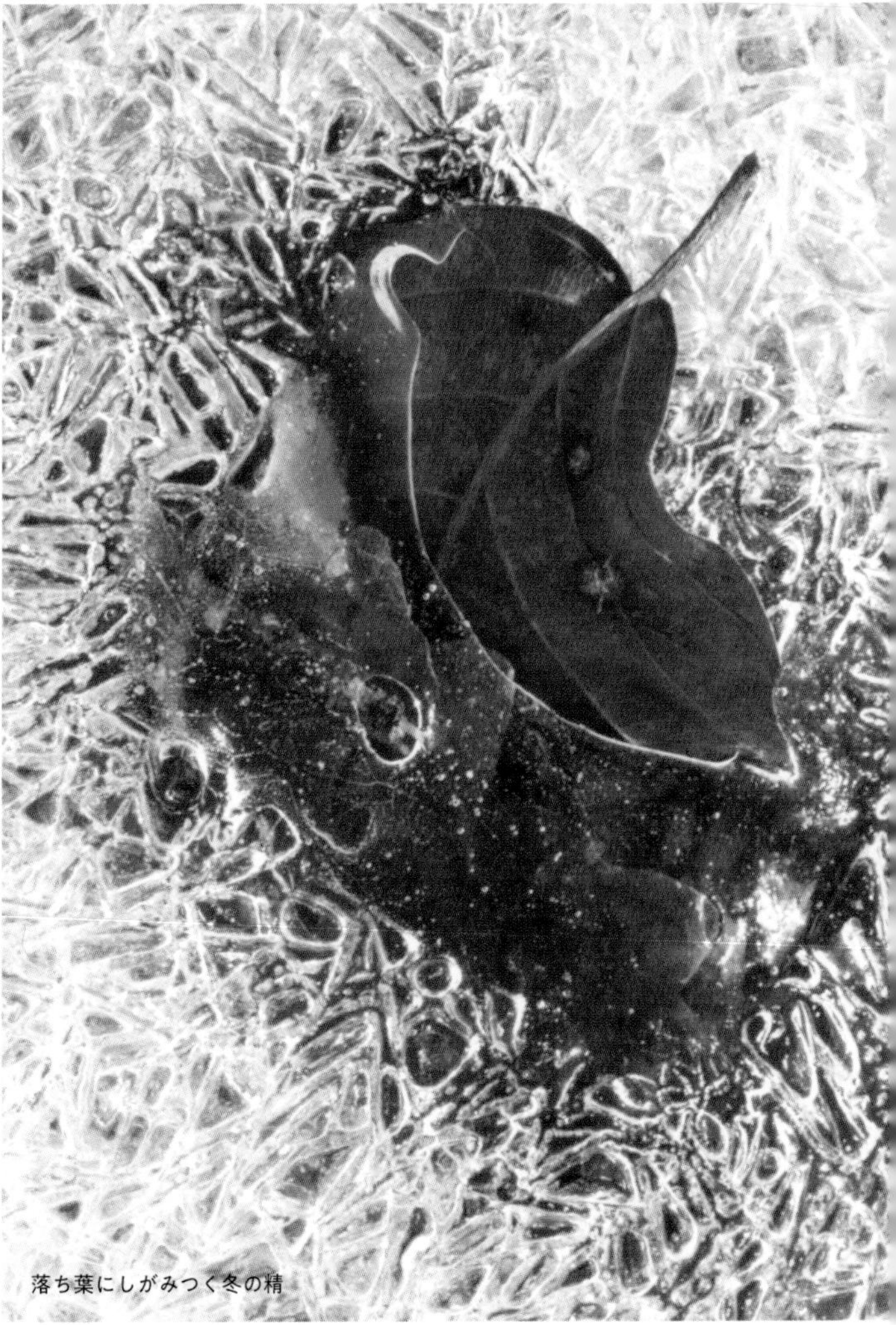

落ち葉にしがみつく冬の精

厳冬期の奥只見源流部。初冬まで見られた鳥や獣たちの姿も、今はない

1月の宇津野。これより左方向に大湯、栃尾又温泉がある

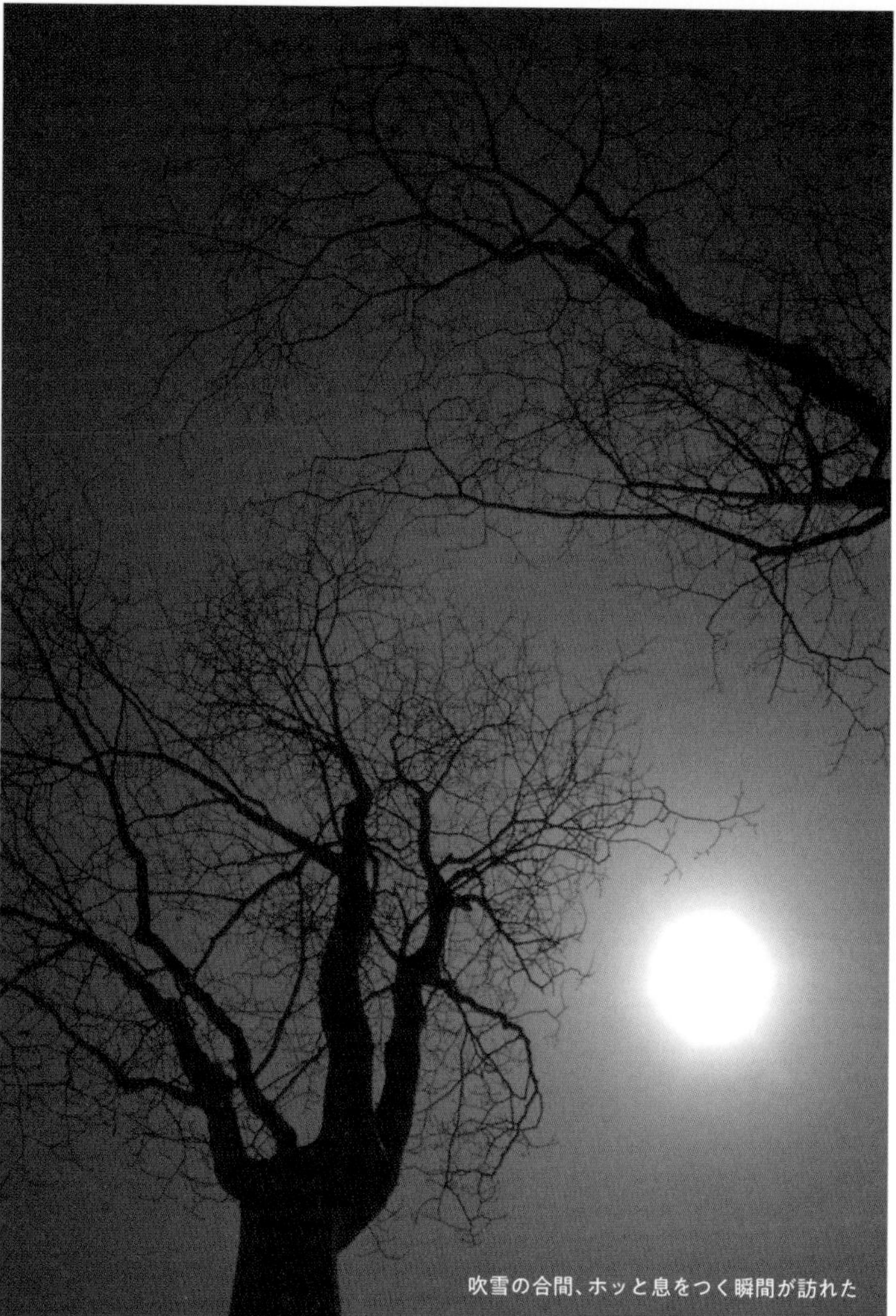
吹雪の合間、ホッと息をつく瞬間が訪れた

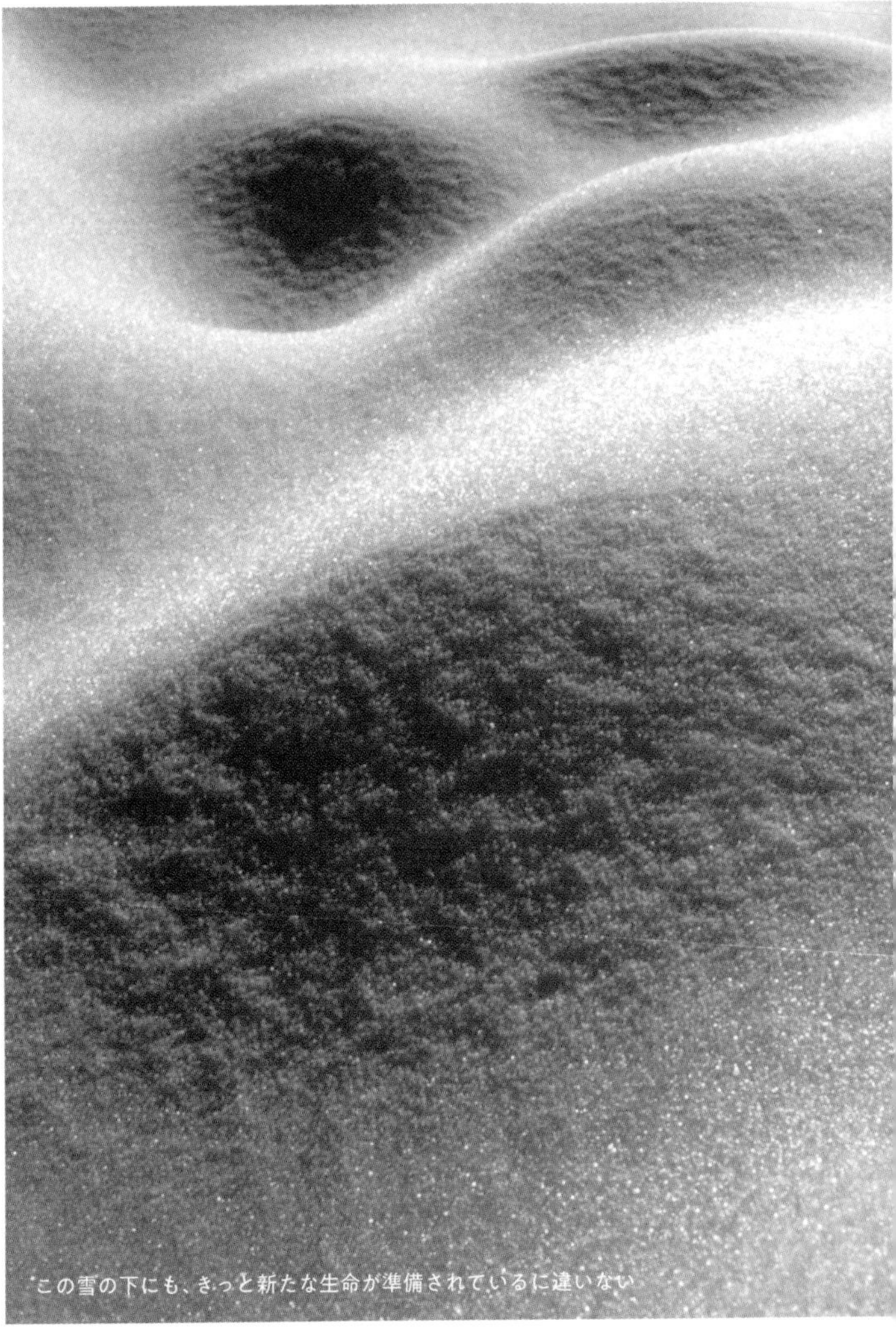
この雪の下にも、きっと新たな生命が準備されているに違いない

初冬の禁漁区。雪化粧もまだ序盤

木の芽どき。雪国の春はいっぺんに萌え出す

# 第三章 万物が動き出す春

ようやくフキノトウのお出ましだ。
もう5月も半ばだというのに

## 国なんか怖くねェども……

五月十三日に上越新幹線浦佐《うらさ》駅に降り立った僕と写真家を、いつもどおり〝湖山荘《こざん》〟は車で出迎えてくれた。

三ヶ月ぶりに会った〝湖山荘〟はよく日に焼けて少し痩せ、そのぶん精悍になったように見えた。釣り宿湖山荘は銀山平《ぎんざんだいら》での営業を四月二十一日に開始したが、前回我々が訪れてから、長女真子《なおこ》の結婚が十二月に決まったり、調理場の板前が変わったり、〝湖山荘〟が三期務めた村会議員を四月で辞めたりと、いろいろ変化があったと言う。

しかし、それらすべての話題は、〝湖山荘〟がハンドルを握るなり切り出した一つの話で吹き飛んでしまった。〝湖山荘〟は真剣な口調で次のようなことを語ったのである。

最近にわかに、佐梨《さなし》川ダムを下池とし北《きた》ノ又《また》川ダムを上池とする揚水《ようすい》発電の計画が浮上してきた。もっとも、湯之谷《ゆのたに》村の中心部を貫流する佐梨川に灌漑・渇水対策用などの多目的ダムを建設する計画は従来からあり、県が推進して村民としても異存のない計画であるが、〝湖山荘〟に言わせれば、「その多目的ダム建設計画に〈でんぱつ〉が唾《つば》をつけ、揚水発電という形で乗っかってきた」のだ。〈でんぱつ〉案は、柏崎《かしわざき》原発の余剰電力を使用し、佐梨川ダムと北ノ又川ダムの落差を利用してコップの水を上下に交互入れ替えするような揚水発電を行い、作った電力を東京首都圏に売る……。これに対して県は、本来のダム計画に支障が出ない限り反対の意思はなく、湯之谷村は、村長がもともと土建業出身、北ノ又川の地権者である宇津野《うつの》地区の五十八戸も、補償金として各戸数百万円を積まれれば承諾しかねない……。その結果〈でんぱつ〉側は、新たな収入源を確保できる上に、後に控えた巨大プロジェクトの布石も打てることになり……。

そこまで聞いて、写真家は声を荒らげた。

「ダメだよ、そんなこと！　〈育てる会〉は絶対反対だね」

写真家は言った。それはジャピック構想の具体化の第一歩だから反対だ、と。また、実現すると北ノ又川が銀山湖の川魚の〝種川《たねかわ》〟としての役目を果たさなくなってしまうから反対だ、と。奥只見《おくただみ》の生態系と自然景観が破壊されるから反対。東京へのこれ以上の電力供給は一極集中を加速させるから反対。東京都民としても〈育てる会〉会員としても、反対。

「それでも実行するっていうんなら、俺たち徹底的に闘うよ」

写真家は興奮気味に言った。

「開高さんの碑を建設する石抱橋《いしだき》近くの平地一帯を一坪運動で買い取って、工事を差し止める。知ってる限りのマスコミに連絡して一大キャンペーンを展開するよ、こんなひどい計画が進行してるってね。そうだ、銀山に着いたら早速知り合いの週刊誌の記者に……」

怒りを露《あらわ》にした写真家を横目で見て、運転中の〝湖山荘〟はニヤリと笑った。声の調子を意識的に落として、宥《なだ》めた。

「落ち着けや、秋さん。まだ計画全体の姿はそこまで現れてねェ。マスコミに訴えるにしても、時機を見てやらんば、のォ」

そして、自分自身を納得させるように再び表情を引き締めて言うのだった。

「国を敵に回すことなんか怖くねェ。んなことはわけねェことさ。おらが怖ェのは、一握りの銀山の住民が村の中で孤立することの方だ。地元の大勢が金になびいてしまうこと、そっちの方がよっぽど怖ェ。地元がバラバラになってまうでのォ。そのためには慎重にやらんば。〈育てる会〉を作った、毎年放流もやってきた、今度は文学碑を石抱橋に建てる。着々手は打ってきたわけだから、この方向で地道に焦らず進んでいけばいいんだて」

写真家は太い腕を組んで真っ直ぐ前方を見ていた。〝湖山荘〟の言葉を聞いて、一言、

「……生ぬるい」

と呟《つぶや》いた。

## ふいに何かが末梢神経の端に

川原の乾いた砂と流木の間に青大将が一匹蹲《うずくま》っていて、僕が近寄ってもすぐには動かなかった。暖かな春の日の午後、陽光を全身に浴び昼寝でもしていた

のだろう。ヘビの頭上から美しい緑色の体に浮かぶ菱形の紋様を覗き込むと、弾かれたように斜めに跳んだ。上体を伸ばしきらめく流れを横切って、小川の上に被《かぶ》さっていた雪の下へ逃げ込んだ。

黒褐色のカワガラスが水面すれすれに飛翔してきて上流へと向かう。川端の藪の中を鳴きながら行きつ戻りつしている腹の黄色っぽい小鳥は、キビタキだろうか……。

初めて釣り竿を持って渓流へやってきたというのに、僕が目を奪われるのは魚以外の生き物ばかりだった。大量の雪解け水が岩を食《は》む中荒沢《なかあらさわ》の渓流に魚影がないわけではなかった。僕には釣れないだけなのだ。

同行の平野肇は二十メートルほど下流で竿を振っていた。ミミズを餌にしてすでに二十数センチのイワナを三尾釣っていた。

僕は自分の針にもミミズを付け、教えられたとおり流れ込みの中央付近に竿を出してみた。上流のいい場所を譲ってもらっているので、いちおうやることはやらねばならない。が、自分でも期待はしていなかった。自慢ではないが子供の頃から釣りは苦手なのだ。

中荒沢は銀山平の中央に位置する。流れは釣り宿の寄り集まっている地点で湖に注ぎ込んでおり、人家にもっとも近い渓流である。途中に大きな砂防ダムがあり、そこまでは河川《かせん》工事が施されていて堂々たる川幅、整備された右岸にはキャンプ場や運動公園が造られ、銀山平で最大のレクリエーション区域となっている。ただし、砂防ダムから奥は意外に自然なたたずまいを残している渓流だった。目の前の屏風のように立ちはだかった荒沢岳を源とする流れは急で、川は短く険しく滝状になっており、砂防ダム湖との間を行き来する最大三十センチ級のイワナが、その小さな岩場の澱《よど》みに潜んでいたりする。

僕と写真家と平野は二日前、雪に閉ざされてこれ以上遡れないという中荒沢の上流域まで行ってみた。銀山山系の北斜面にあたるその一帯はいたるところに深い根雪《ねゆき》が残っていた。根こそぎにされた樹木、真っ二つに折れた幹と裂けて吹き飛んだ技、一部を押さえつけられ湾曲したまま雪にめり込んだ針葉樹などが雪原の上に散らばり、五ヶ月に及んだ谷間の吹雪がいかにすさまじかったかを如実に物語っていた。我々は本当は、ニホンカモシカを探しに行った(〝村杉〟と監視小屋の五郎が県の依頼でカモシカの定点観察をやっている)のだが、とてもカモシカどころではなかった。まだ冬が続いている気配なのだ。

しかし、この時にも、雪のない谷の傾斜面にはさすがに春の息吹が感じられた。雪解け水で濡れた地面のそこかしこに眩しいほど初々しい新緑がいっせいに生え出ていた。アザミ、コゴミ(クサソテツ)、フキノトウ、スカンポ、ヤマウド……。遅い雪国の春はすなわち絢爛《けんらん》たる山菜の季節でもあるのだ。越後《えちご》の山菜はその料理法だけで一冊の本になるくらい種類が多く、我々も珍味キノメ(ミツバアケビの若芽)をはじめウルイ(オオバギボウシ)、ドリアシ(トリアシショウマ)など珍しい山菜を毎日のように宿の食卓で食べていたが、この時は三人が好物のヤマウドのみを数本採取して山を下りた。採りたてのヤマウドの根の部分は生《なま》で食べると絶品なのである。

僕が糸を垂れているサワグルミの木陰にはコゴミの群落があった。先端が内側に巻いていてちょっとゼンマイに似ているが、ゼンマイと違って全体が濃い緑の葉に覆われているのですぐにわかる。これは地元ではコゴメと呼び、酢味噌和《あ》えやおひたし、油炒《いた》めなどにして食べる。考えてみれば多くの山菜とは、山の植物の発芽期のごく短い期間の別名でしかない。コゴミなど一週間も放っておけばシダ類の形状になり、そうなれば誰も見向きもしなくなる。ノアザミしかり、ウルイしかり、大半の山菜がそうだった。発芽期に摘まれることなく無事に育った植物はそのまま薄暗い林床《りんしょう》の〝雑草〟となり、人間の目から見れば風景の中に埋没してしまう。食用となる期間のみが人間にとって有用植物であり珍重されるのだ。「自然を食べる」「自然の恵みとともに生きる」と言っても、思えばずいぶん身勝手な話なのである。

突然、掌の中に刺激を感じた。何かの生き物が不意に僕の末梢神経の端に触れた。

「あ、あ……」

僕は竿を引き上げると同時に何ごとか口走ったはずだが、それが何だったのかわからない。気がつくと糸の先に魚が一尾跳ねていた。青空と新緑を背景に銀鱗がきらめいている。

「釣ったよ、平野さん！」

平野は笑顔で振り返った。片手を軽く上げてゆっくりとこちらに移動してくる。

山菜の王者はゼンマイ。値が張るからだ。写真は宿泊客用のヤマウドである

僕は川原の小石の上に落としたイワナを押さえつけながらドキドキしていた。二十センチに満たない、おそらく十七、八センチだ。型は小さいけれど、僕にとっては生まれて初めて自分の手で釣ったイワナである。

「これ、絶対、魚拓にするからね！」

ついさきほどの人間の身勝手さに対する考察などどこへやら、勝ち誇ったように叫んでいた。平野が首を振りながら近寄ってきた。

「その大きさじゃ無理じゃないですか？　放してやる前によく見ておいたら？」

僕は一瞬ムッとしたが、言われてみれば、僕の生涯の記念碑たるべき獲物はいかにも小物だった。湖山荘や村杉の部屋の壁いっぱいに掲げてある、五十〜七十センチ級のイワナやサクラマスの魚拓の隣に並べて貼り出すには、いささかの勇気を必要とする。

「ま、そうだね……」

僕の原始的情熱は数分で冷めてしまった。

## もう降りる！　終わったんだ

夕食を終えてログハウスで一服してから、湖山荘の母屋《おもや》に顔を出してみた。

母屋には調理場を挟んで大広間と小広間があるが、夕食後の片付けが終わったあと家族が集まったりするのは小広間の方だった。

上下トレーナー姿の〝湖山荘〟は長方形の囲炉裏《いろり》の脇に寝そべってテレビを眺めていた。腰の下に二つ折りにした座布団を当てているのは、昼間、山へシイタケ採りに行った時に転んで足と腰を打ったためらしい。

「父ちゃんも、年だなァ」

写真家が冷やかし、言われた〝湖山荘〟は苦笑いの顔だけこちらに向けた。

頭髪こそ薄いが色白で優男《やさおとこ》の〝湖山荘〟は、いかにも「旅館の旦那」然としている。写真家はその〝湖山荘〟を昭和四十四年（一九六九年）の結婚当初から、つまり〝湖山荘〟の父の一策が釣り宿業を起こして二年目から知っており付き合ってきたが、当時の〝湖山荘〟は写真家によれば、山登りや渓流釣りを今よりずっと頻繁にやっていたらしい。「けっこういろんな沢を歩いてたよね、父ちゃん」と言う。

〝湖山荘〟と言えば、僕など囲炉裏端で政治論をぶってる姿くらいしか思い浮かばない。

釣り宿の主要な業務、接客や食事などは妻の澄子に任せ、さまざまな役職を引き受けて会議だ集会だと飛び回っていたから、自宅での〝湖山荘〟のイメージが他にないのである。強いてあげれば、湖畔でボートを修理する姿、庭の掃除をする姿くらいか……。客の我々とどこかへ一緒に出かけることもない。そのせいか、野山を駆け巡っていた〝湖山荘〟など想像しにくいが、思い返してみれば、冬場の〝湖山荘〟は豪雪の銀山平に泊まり込み、雪下ろしなどやっていたわけで、そう考えると彼もやはり〝山の男〟に違いなかった。

「政治好きは代々の血統？」

僕は〝湖山荘〟に尋ねた。

「うん、五八《ごはち》じいさんが大の政治好きだったっていうからの。おらんとこが銀山に来ることになったのも、元はと言えばそれからだ」

寝ていた〝湖山荘〟がやおら起き上がった。

五八というのは〝湖山荘〟の曽祖父のことだった。五八の息子の昌俊が祖父、その子の一策が父、従って〝湖山荘〟は最初に銀山平に入った五八から数えると四代目に当たる。

「七十七で死んだんだが、おら五八じいさんのことはおぼろげに記憶があるの。中風《ちゅうぶ》で寝たきりだったけんど」

佐藤五八の名前は、明治三十七年（一九〇四年）に発行され最近復刻版が出た『銀山平探検記』（大竹庄次郎編輯）に登場する。

銀山平は安政六年（一八五九年）の坑道事故で閉山され一般的には忘れられた土地となっていたが、四十年ほど経過した明治三十四年と三十五年の二回、北魚沼《うおぬま》郡役所によって産業資源調査を目的とした〝探検〟が行われた。佐藤五八は、その第一回探検隊（明治三十四年六月）三十二名に随行した地元の案内人十一名のうちの一人として記録されている。

湯之谷村の宇津野では北ノ又川沿いに出作《でさく》をはじめ早くも文久元年（一八六一年）には五十八戸の共有地が創設されていた。以来、明治六年の地租《ちそ》改正でも国有地に編入されることがなかった。そのため一部村民は細々とながら銀山平に通い続けており、案内人にはこと欠かなかったのである。

だから、であろう。第一回の隊員たちは山中での野宿覚悟で出かけたにもかかわらず、宿舎は立派な養蚕室、熱い風呂まで用意してあったので驚いているが、地元宇津野の人々にとって銀山平は、多少不便な土地ではあっても悲壮な決意で〝探検〟するような場所ではなかったのだ。

〝湖山荘〟によれば、佐藤家はかつては資産家で、庄屋を何度も仰せつかるなどした土地の名家だったという。ところが明治中期の五八の代になって地方政治にのめり込み、郡会議員になったものの財産を使い果たし、山奥の共有地だった銀山平に追いやられた。そして従事することになったのが『銀山平探検記』にも触れられている長岡の鈴木某が興《おこ》したマッチ軸製造業だった。

「長岡の人の下請けみたいな恰好で、五八じいさんが銀山の工場の管理人をやっておった。でもそのうち、じいさんは借金して川で簗《やな》を始めたんだ。人を何人も雇って簗で獲《と》ったマスの筋子《すじこ》の塩漬けを始めたわけさ」

佐藤家と銀山平との関わりは五八から始まった。次の昌俊は体が弱く、山仕事は不得手だったが、銀山平では養蚕を営んだ。その息子一策はより深く銀山平に根を下ろし、養蚕とは別にナメコの缶詰工場も経営した。そしてまさしく「五八じいさん以来の政治好きな血のせい」なのだろう、昌俊は郡会議員、一策も村会議員と議員活動を引き継いだのだ。

〝湖山荘〟はそんな佐藤家の惣領、六人姉弟の長男だった。惣領息子といえば食事からして箱膳で、他の子供とは別格だったという。

「躾《しつけ》が厳しかったのは昌俊じいさんだったな。特に食事中は、〝よそ見しちゃならん〟〝喋っちゃならん〟ってうるさかった。その反動かもしれんが、親父の一策はあれこれ言わんかった。昌俊じいさんは学者タイプで、親父の方は事業家タイプだったよ」

銀山平がダムの底に沈むと決まった時、いち早く「これからは観光業だ」と商売替えを決意した一策は今年八十二歳。約十年前に引退し、現在は麓《ふもと》の家で一人留守番をしており、家族が毎日のように食事を運んでいる。

「銀山平の佐藤家と政治活動は不可分なのに、どうして村会議員辞めたんですか？」

僕は〝湖山荘〟に尋ねてみた。

「うん。田舎の政治は、自分が関わった結果が目に見えるし、反応もいろいろあって面白いんだが、もう終わった気がしてな」

「もう終わった？」

「ああ。この十二年間に銀山に電気も引いたし電話も入れた。橋や道路の整備もできたし北ノ又川の禁漁区も固まった。いちおうやるべきことはやり終えた気がするんだ。温泉も来週から掘ることに決まったし……」

銀山湖畔丸太沢での温泉のボーリングは五月二十日から開始される予定だった。

「もう、おらたちが先頭に立つ時代は終わったんだ。今後は後方支援の役回りだよ」

政治を「降りた」釣り宿の旦那は、そう言うとフッと笑って真っ白い臑《すね》を手で撫でた。

「母ちゃん」こと、〝湖山荘〟の妻澄子がエプロンを外しながら小広間にやってきた。やっと調理場の方も一段落したらしい。

澄子はいつものように、新しい板前や手伝いにやってきた義姉らと残り物で簡単な夕食をすませたが、食べ終わると囲炉裏端の我々の会話に加わった。というのも、僕がアルバイトの女の子のことを話し出したからだ。

湖山荘で見かける若い女性といえば、これまでは娘の真子《なおこ》だけだった。週末などにたまに手伝いにくるのである。ところが今回、館内で新しい顔を見かけた。この四月から働いているというA子、十七歳。小柄な可愛らしい娘なのだがいっぷう変わっていた。

僕が厨房で会った時には音量を上げたカセットテープに合わせ演歌を口ずさんでいた。なかなかうまい。それはいいが、働く態度がなってなかった。ボールのポテトサラダに茹《ゆ》で卵を入れて混ぜるよう指示されると、「板さん、ダメじゃん、こんな熱い卵。皮なんか剥《む》けないよ。それからどうすんの？　え、こねるの？気持悪い！」と答えたのである。それでもどうにか手を動かし始めたものの、表情はまったくいやいやだった。

僕は、アルバイトの女性がなぜそんなに我儘《わがまま》に振る舞えるのか不思議に思ったものだ。

「うん、高校中退した知り合いの子なんだけどな、ちょっと訳《わけ》があってうちで引き取って面倒みてるとこさ」

澄子は、その〝訳〟については説明を避けた。「いろいろ問題がある」らしい。その代わり、話題を最近の子供たち一般に拡げた。

「あの子に限らないけど、最近アルバイトにくる若い子には怖さ感じるよ。干渉されたくない、束縛されたくない、そればっかり。都会の人の感覚でドラマやってるみたい」

囲炉裏の端に正座した澄子は、魔法瓶の湯を急須に注ぎ足しながら言った。

澄子の見るところ、子供たちに悪影響を与えている筆頭はテレビのドラマだった。特に流行の恋愛モノである。周囲に関係なく「好き」と主張し続ければ相手と結ばれる、それが当然だと思っている。身勝手なのだ。

「ここらの子供にも、昔からのしきたりとか田舎のルールとかあるけどさ、今は身の回りの大人との接点がないから自分がどこにいるかわかんねェのさ。子供らだけ周りから浮き上がった生活してるもんな。せっかく田舎にいるんだから田舎のよさを学んでほしいと思っても、受けつけねェんだて」

澄子は嘆息してみせた。

〝湖山荘〟が口を挟んだ。「子供たちが家の仕事、手伝わなくなったことが影響してるんでないか」と言った。

「親が放任主義ではダメだの。放任の方が進んでるように見えるども、当たり前のことも知らねェしできねェ、逆に地域社会から落ちこぼれっちまう」

「落ちこぼれとは思ってないさ、周りじゅうの子がみんなそうなんだもの」

話が子弟の教育に関するもののせいか、妻と夫は驚くほど真剣にやり合っていた。

「慎治《しんじ》君はどうでした？」

僕が聞いた。夫婦の長男の慎治は四月に東京のコンピューター関係の専門学校に入学していた。入学前に夫婦で東京に行き、下宿を決め、家財道具など買い与えたばかりだ。京浜東北線蕨《わらび》駅の近くのバス・トイレ共同の六畳一間だという。

「慎治は同じ年の他の子と比べて、家の仕事の手伝いはいろいろとやってきた方じゃねェかな。おら、なるべく連れて歩くようにしてたから。だども……」

〝湖山荘〟は腕組みをして首をひねった。

「警戒心ってものがねェな。簡単に人の言葉を信用しちまう。それが怖ェな」

粘り腰の老練な村会議員として鳴らしてきた父親から見ると、息子の純真さが不安、ということか？　僕は前年十月に一度だけ会ったことのあるちょっと線の細い色白なハンサム・ボーイを思い出し、微笑《ほほえ》ましく思った。

「多少心配でも、子供は苦労させた方がいいんだって」

澄子も夫の心配を笑った。

「おら、勉強も大事かもしれねども、働くことも負けねくらい大事だと思うけどな。アルバイトでもいいんだ。学校の先生はアルバイトは悪いって言うが、真面目にアルバイトしてりゃ考え方もしっかりしてくるし、金銭感覚だって身につく。悪くねェと思うよ」

澄子は労働優位論者だった。

「今の時代は女の子だっておらたちの頃と比べると三分の一も働かねェ。苦労しねェで何でも手に入ると思ってる。人間がだんだん低下していってる気がするな」

僕は珍しく雄弁な澄子の舌鋒の向こうに、鼻歌まじりのA子の後ろ姿を思い浮かべて聞いていた。都市型のライフスタイルや価値観の一方的流入は地域社会に急激な変容を強いているが、その際に生じる世代間の軋轢《あつれき》は女性たちの間でも顕在化しているのだった。

## 釣りさえできりゃ、いいの？

銀山平から下りてくると、里ではすでに田植えが始まっていた。道路の両脇の水田のそこここに田植え機を押す人の姿がある。作業そのものは機械が頼りだが、操作する人の菅笠《すげがさ》といい、畦道でご馳走を広げる家族たちといい、何やら昔ながらの華やいだ雰囲気だ。

写真家はしかし、何度となく見てきた湯之谷村の田植え風景よりも先日来のブラウン問題が気になっているらしく、ハンドルを握る〝湖山荘〟に対して再び持論を展開し始めた。

「開高さんも言ってたでしょ、〝ここはイワナとヤマメでいいんやないか〟って。もともといる魚だけで銀山はいいのよ。だって、考えてみてよ父ちゃん、アメリカの湖や川に日本のイワナやヤマメ放してる？　放してないでしょ。外国産の魚を放す必要性なんてないんだもん、当然なんだよね」

写真家が言い、〝湖山荘〟も黙って頷く。

銀山湖に外来種のブラウン・トラウトが棲息しているというニュースは、数日前に最初、澄子から聞いた。四方山《よもやま》話の途中、「そういえばお客さんが変な魚を釣ってきたよ。四十五センチぐれェの白っぽい太った魚で、見たこともねェ魚。気味悪かったよ」と告げたのだ。四月の解禁直後のことだったという。

僕には何のことかわからなかったが、澄子に状況と形態を仔細《しさい》に尋ねた結果、外国産淡水魚にも詳しい写真家は「ブラウンに間違いない」と断言した。ヨーロッパ原産のサケ科の魚で、最近日本各地の川や湖に放流されて増えており、冷水を好み、成長が早く、成育環境によっては体色が白っぽく銀化するものがいる由。

「ちっくしょう、釣り師が放したんだ」

写真家は悔しがった。

銀山湖の外来魚ではニジマス(レインボー・トラウト)がよく知られているが、ニジマスとブラウンでは衝撃度が違うと写真家は言う。百年以上前に移入されて各地の養殖場で同族交配を繰り返してきたニジマスにはもはや自然環境の中での繁殖能力はないけれど、ブラウンの場合にはまだ野性味が残っており、渓流ものぼれば川で産卵もする。ブラックバスなみの悪食《あくじき》なのでハヤやワカサギなどイワナ・ヤマメの餌を横取りし、イワナやヤマメの稚魚さえ食べてしまうというのである。

「ブラウンって奴は引きが強くて面白いんだ。だから釣り師が放したんだよ、〝銀山にはブラウンもいる〟って言いたいばっかりに。発想が貧しいよね、生態系なんか全然考えてないんだもん。……しかし、弱ったな。もしブラウンなら確実に増えちゃうよ」

低水温のおかげでブラックバスに関しては安心していた写真家も、ブラウン・トラウトが放流されたとなると「ほとんどお手上げ」と頭を抱えざるを得ないのだった。

　この時は周囲の誰も写真家に異議を唱えなかったのでそれきりだったが、〝ブラウン騒動〟の第二ラウンドは翌日、小出町《こいでまち》から常見《つねみ》がやってきた時に始まった。

〈育てる会〉の代表を務める常見は、日本のルアー・フィッシングの先駆者であり作家開高健《たけし》の〝ルアーの師匠〟でもあるが、同時に自分で釣り具（ルアー・フィッシングのスプーン）を製造、販売する個人企業の経営者でもある。当然、スポーツ・フィッシングの対象となる魚に対しての見解は写真家とは異なっていた。

「本当にブラウンがいるのかどうか。もしいたとして、ブラウンがイワナ・ヤマメの稚魚を食べるかどうか、その点をまずハッキリさせなくちゃいけない」

　昼食の席で常見は、「生態系を壊す」と主張する写真家に対してそう反論した。二人の議論はまるで噛み合わなかった。

　その日、常見は銀山湖で釣りをする予定だった。初心者の僕にルアーを手ほどきしてくれるというので、ボートに乗り込む時に僕は常見と一緒になった。ありがたいことだが、残念ながら当方の釣りのセンスは限りなくゼロに近い。それよりも僕は常見の真意を聞きたかった。

「彼の考えはわかるけど、でもそれは彼があぁ思いあぁ言ってるだけで、真実かどうか我々にはわからないことだよね」

何度か僕にキャスティングを教示したあと、ようやく諦めたのか常見は口を開いた。

「僕ら、魚に関わって生活しているわけだからさ。早い話がイワナだけじゃ漁《りょう》期《き》が短すぎるわけですよ。それに、イワナは定着性があるから一箇所を釣ってしまうとそこにはもういなくなる。夏場に水温が上がると深場に潜っちゃうしね。スポーツ・フィッシングの立場からすれば、銀山にブラウンがいてもいい、いや、いた方が楽しいわけです。もちろん、銀山湖の自然保護を考えると、その前に何よりも匹数制限をすべきなんだけど」

結局は匹数制限だった。昼食の席でも写真家と常見が唯一合意に達した規制である。

現在銀山平に十軒ある釣り宿の中で客に匹数制限を呼びかけているのは少数派だ。釣り宿が釣りにきた客に「何匹以上は釣らないで」と訴えるのは容易ではない。漁協も匹数制限にはためらいがある。第一、急進的な保護派である〈育てる会〉自体が、そもそも釣り好きな人々の集まりなので、総論は賛成でも各論となると議論百出、統一的な見解を提出できないでいる。自己規制を重ね続けてゆく環境保護というのはそれだけ困難なのだろう。

ただし僕は、匹数制限と外来種の許容という問題は、やはり別のものではないかと思った。匹数制限はどんなに困難であろうとその方向に押し進んでゆくしかないが、外来の生物の日本国内での繁殖を認めるかどうかは、意見が大いに分かれるからだ。確かに琵琶湖のブラックバスやブルーギルの異常とも思える旺盛な繁殖は、在来種のアユモドキやホンモロコの生存を脅かし、数百万年を経て形成された生態系を急速に破壊しつつある。大問題に違いない。しかし、同様にして日本在来のザリガニを駆逐《くちく》し尽くしてしまったアメリカザリガニについてはどうなのか。あるいは日本の山野に溶け込んでしまったコジュケイやコウライキジ、タイワンリスは？　最近市街地を群れ飛んでいる熱帯産のワカケホンセイインコは新顔だから駆除し、九州のカササギは朝鮮原産であっても古株だから見逃すのか？　さらに言えば帰化植物は？　ブタクサやセイタカアワダチソウを嫌い、ハナダイコンやクローバーなら好む根拠とは何なのか？

外来の野生生物の排除だ容認だといっても、その判断の基準はきわめて恣意《しい》的なもののように思える。それとも、閉鎖的な生態系である川や湖の外来種は特例ということか?

後日、〝村杉〟に会った時、地元の釣り宿経営者から見たブラウン問題を尋ねてみた。〝村杉〟は銀山湖にブラウン・トラウトがいることは知らなかったが、「いても別に驚きはしない」と答えた。

〝村杉〟はまず、自分もその一員である魚沼漁協の異魚種に対する考え方を述べた。

「漁協では、在来種ではない魚を放流する時には県の漁場管理委員会の認可を得ることになっている。委員会では現在の生態系を守る意見が主流だからブラウンなんて絶対ダメ、放流はできません」

しかしこれはあくまで組織としての立場からのもので、釣り宿の一主人の意見となるとまた別だった。いくら外来種に反対でも、すでに誰かがこっそりと放流し、それが居ついてしまっているのならば、客にはそのまま釣らせるしかない。

「大体、生態系を壊すとは限らないぜ」

と、〝村杉〟は言った。

「以前、〝ヤマメばっかり放流するとイワナが駆逐される〟って説があった。だけど、ヤマメの放流を続けたけどイワナが駆逐された気配はない。今回のブラウンも同じじゃないかな。魚どうしうまく棲み分けるだろ」

どちらかといえば常見の意見の方に理解を見せたのである……。


写真家は、外来魚に関して寛容なこうした地元の反応すべてに対し、ショックを受けていた。深刻な危機感さえ感じていた。

「このままじゃ大変なことになるよ。芦《あし》ノ湖《こ》や本栖湖《もとすこ》なんて、ブラウンが入ったとたんワッと増えちゃったんだから。日本全国、外国の魚だらけになっちゃうよ。銀山が中禅寺湖《ちゅうぜんじこ》みたいになってもいいわけ？　釣りさえできりゃ、それでいいの？」

写真家は訴え続けた。頷き続ける〝湖山荘〟によって車は浦佐駅に近づいた。

「……イワナやヤマメを守らないんだったら、〈育てる会〉って何なのよ」

クマだ！　だが発砲の瞬間までシャッターは切れない。
それほどにクマの耳はあなどれない

マタギだった人たちにとって、
クマ撃ちは春のビッグイベント。
雪山を見ながら作戦会議

写真家が最後にポツリと言い、僕は一瞬ギクッとした。まったくそのとおりだった。

漁協や銀山平の釣り宿の生活権はともかく、少なくとも〈育てる会〉としては「外来魚絶対反対」の公式見解は出せる。いや、出さなければ、その存在基盤すら揺らぐのではないか……。

車は静かに浦佐駅前に停車した。

カモシカがいた。奴は厳しい冬を乗り切ったのだ

細越より見た５月の銀山連峰。やっと雪解けの始まり

雪解け前のある日、銀山湖の湖底に立ってみた。
見慣れた湖山荘が別の建物に見えた

春が顔をのぞかせ、風に揺れていた

柔らかな白毛が日に躍る。ネコヤナギは春の使者

5月、丸山スキー場に登った。ふだんは春霞で見えにくいが、
この日は荒沢岳の機嫌もよかった

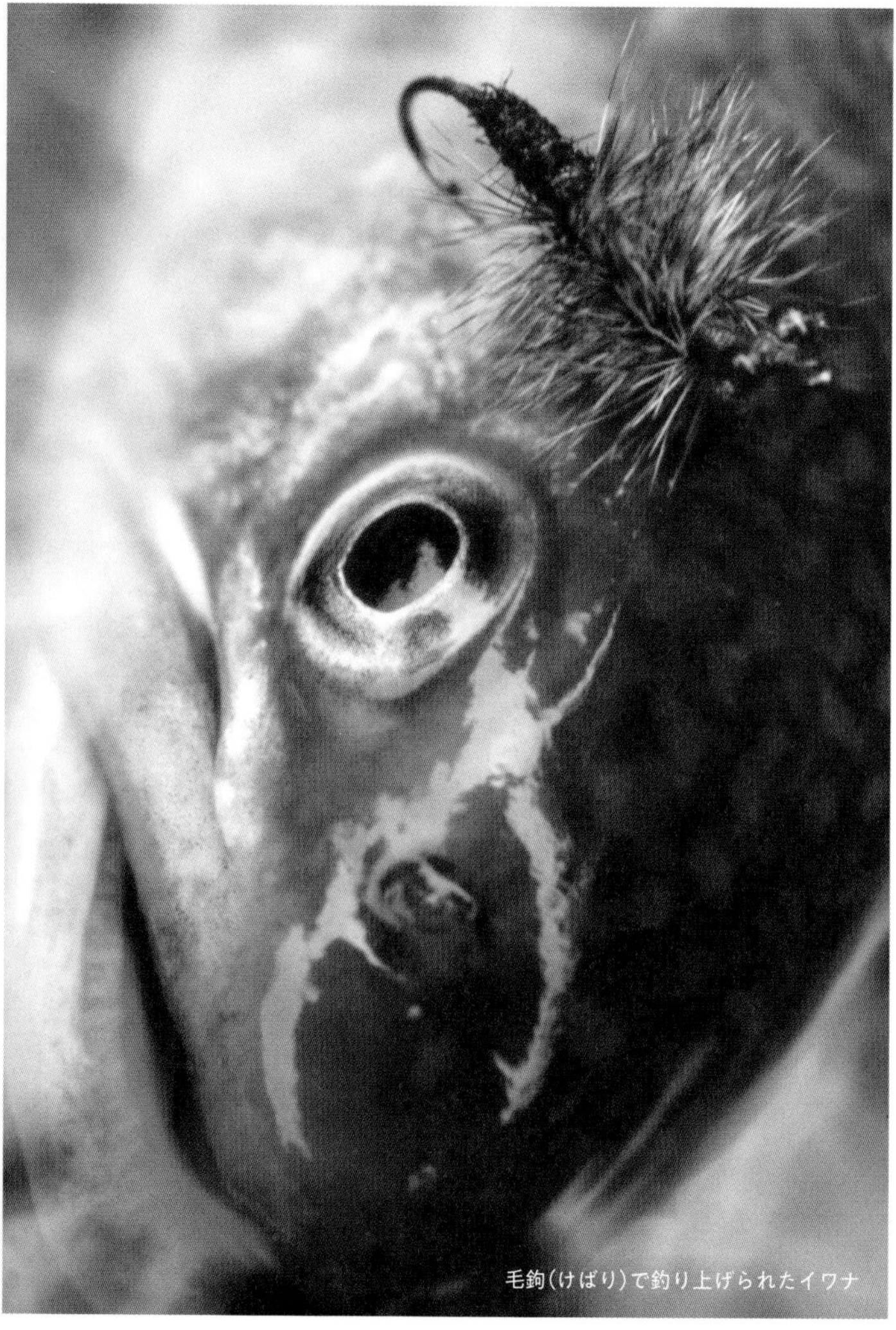
毛鉤(けばり)で釣り上げられたイワナ

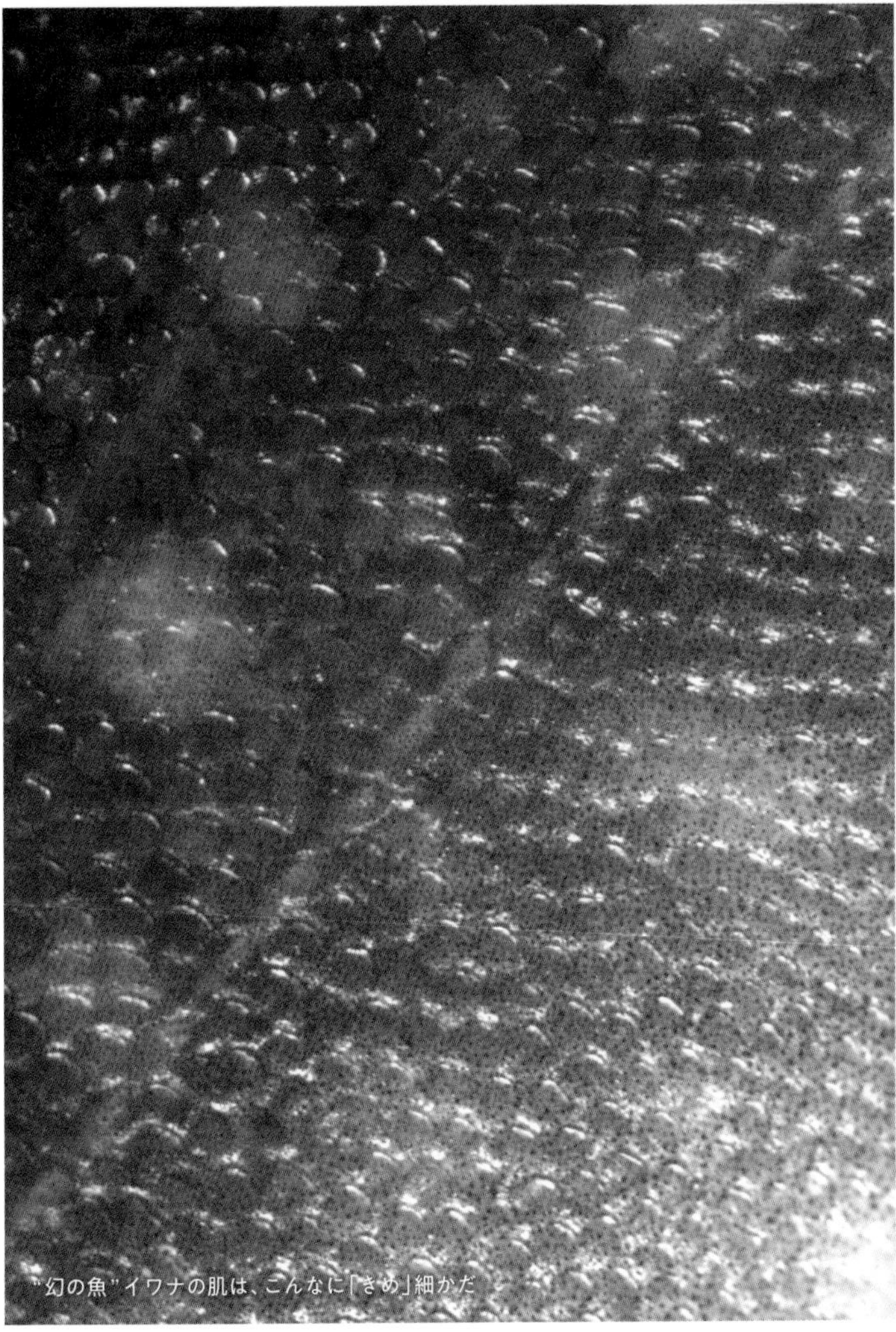

"幻の魚"イワナの肌は、こんなに「きめ」細かだ

25年以上通って初めて見てみた風景
（日向倉よりの銀山平と荒沢岳）

“村杉”の父ちゃんのノウサギ猟。春にはクマ狩りも

伝之助小屋の“邦さん”のヤマドリ猟。
猟は雪深い山里に暮らす人々にとって最大の娯楽

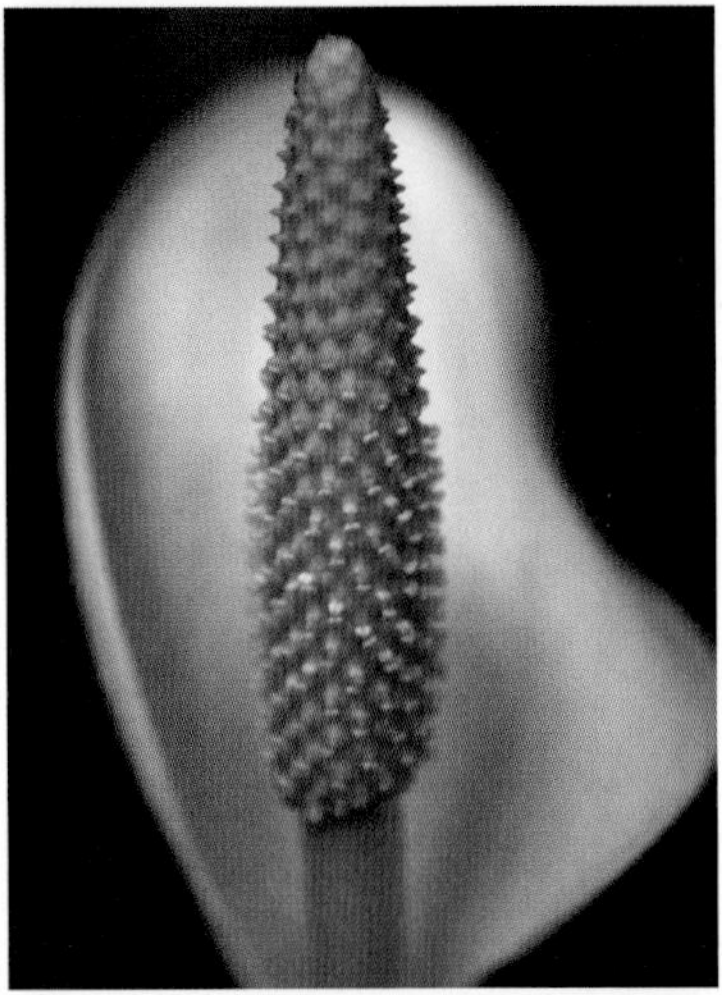

ミズバショウ。
やっと水ぬるむ季節の訪れである

コゴミ(クサソテツ)。
酢味噌和えや油炒めが絶品

フキノトウ。
ここ銀山平は山菜の宝庫でもある

ヤマウド。採ってすぐ、
この根を生で食べればもう……

雪晴れの銀山平を遠望する

大ビラヤスより見た禁漁区

山里には伝統猟法が今でも残る。
マタギの末裔が見せてくれたクマ撃ちスタイル

急斜面の大雪渓を、三人の男はひたすらクマを求めて……

春は間違いなくやってきている。
ブナの周囲にできた根開きは、その証拠

6月中旬、渓の水は日に日に勢いを増す

# 第四章
# イベントの夏

イワナはサケ科。
なるほどと頷ける面構えだ

## 女ばかりの盆踊り

七月二十七、二十八日が銀山平《ぎんざんだいら》での湯之谷村《ゆのたに》〈第3回夏の雪まつり〉で、開高健《たけし》記念碑除幕式は二十七日にその一環として行われる予定だった。前日の二十六日は前夜祭、夜になって花火大会と盆踊りがある。

二十六日の午後銀山平に到着した僕は、降りしきる雨の中、とりあえず気になっていた温泉掘削《くっさく》の現場に行ってみることにした。

五月二十日に地鎮祭が執り行われボーリングが開始された丸太沢は、銀山湖に接する南側の小さな沢の一つ、ダムができる前はその沢筋に温泉が湧き出ていたとかで、湖山荘《こざん》から車で五分足らずのところにある。

二十メートル近い高さの鉄骨製の櫓《やぐら》が目に入った。ヘアピン・カーブの奥の狭い平地に建ててあり、その脇に小屋掛けの飯場《はんば》が設けられ二、三人の男たちが出入りしている。櫓の中では掘削機が唸り声を上げ、長い鉄製のパイプが勢いよく回転していた。

「やァ、どうかな」

車を降りた〝湖山荘〟が声をかけると、ヘルメット姿の作業員たちは笑顔を返した。全員が湖山荘の長期宿泊客でもあるのだ。

「順調と言うときましょか、今日もまた」

関西訛《なま》りの作業主任が答えた。

櫓の手前に細い円柱状の石が何列も並べられていた。これまでに掘り上げた三百九十メートル分の岩の層らしい。石柱のように整ったもの、ボロボロと細かく砕けたもの、色も灰白色、灰緑色、黒褐色といろいろだが、意外なことにどれも同一の岩盤の一部だった。

「花崗岩に似た岩でね、閃緑岩《せんりょくがん》いうんですわ。えらい硬いでしょ？」

作業主任と一緒にその場にしゃがみ、石に触ってみると、確かに硬い。予定より作業が遅れている理由がわかった気がした。

「この岩の層を突き抜けんことには、お湯は出ェへんのですよ」

「いつ頃突き抜けるんですか?」

「さァ……。ある日、突然。ハハハ」

〝湖山荘〟を見ると、腕組みして見下ろしながら渋い笑顔を見せていた。

銀山平の〝発展〟を将来につなげる温泉掘削は、始まることは始まったものの、かなりの長期戦になりそうな気配だった。

車に乗り込むと〝湖山荘〟は、「メーター当たり六万円ちょっとか……」と呟《つぶ》き、「十一月までには何とか千二百メートル掘って、出してくれんと困るんだがのォ」と言った。

僕は、前回銀山平を訪ねた五月、〝村杉〟が語っていた温泉に関する悲観論を思い出した。「出ない」というのではなく、「出ても必ずしも銀山のためにはならない、むしろマイナス効果を生むかもしれない」という意見である。

〝村杉〟の心配の根拠は、七千五百万円という掘削経費がすべて村の財政から支出されていることだった。銀山平の十戸が経費を負担するならともかく、そうでない以上、「たとえ温泉が出ても、温泉の恩恵に直接与《あずか》れない村民の間に嫉妬心を芽生えさせ、村の団結に亀裂が入る恐れがある」と言うのだ。しかも、温

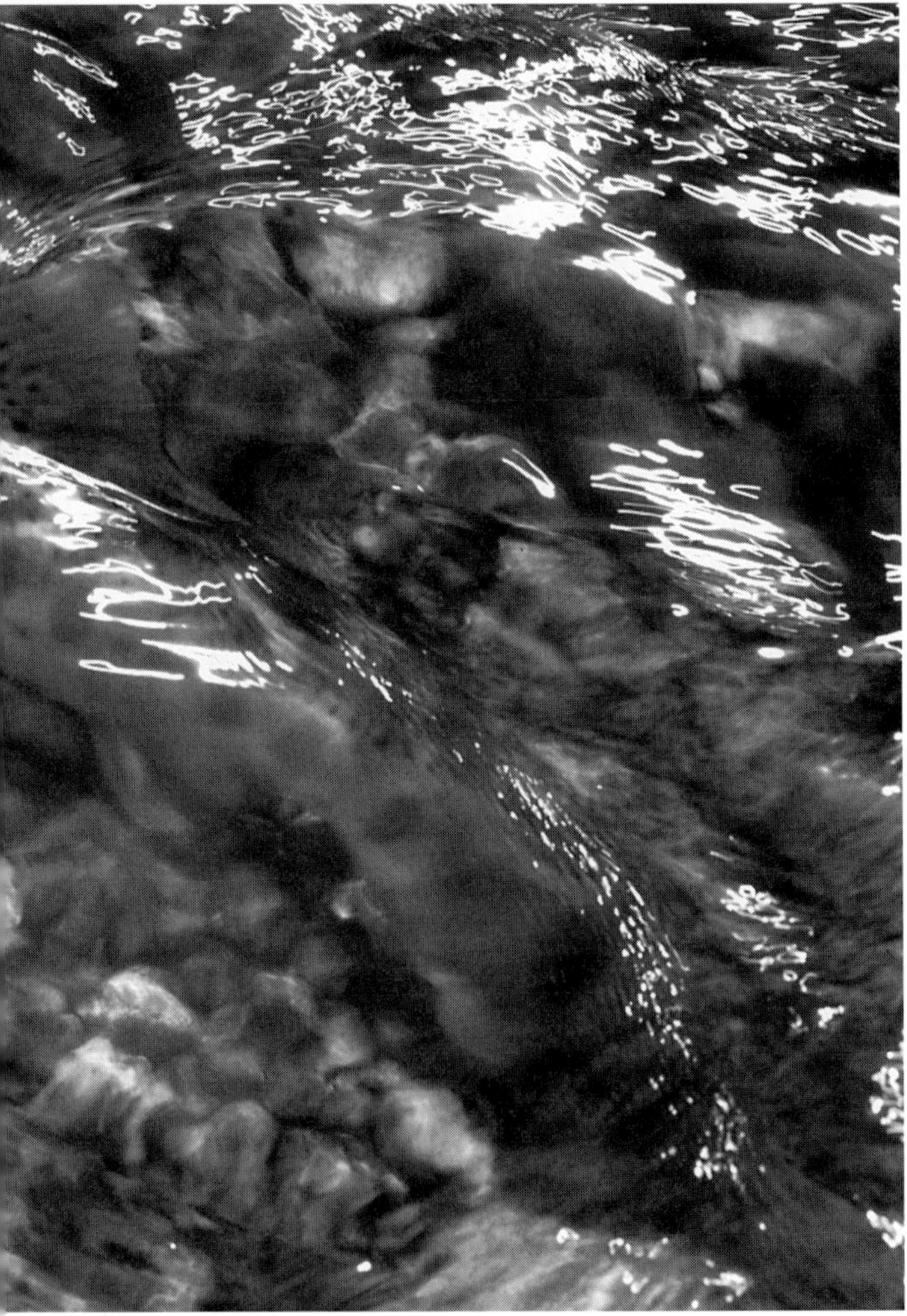

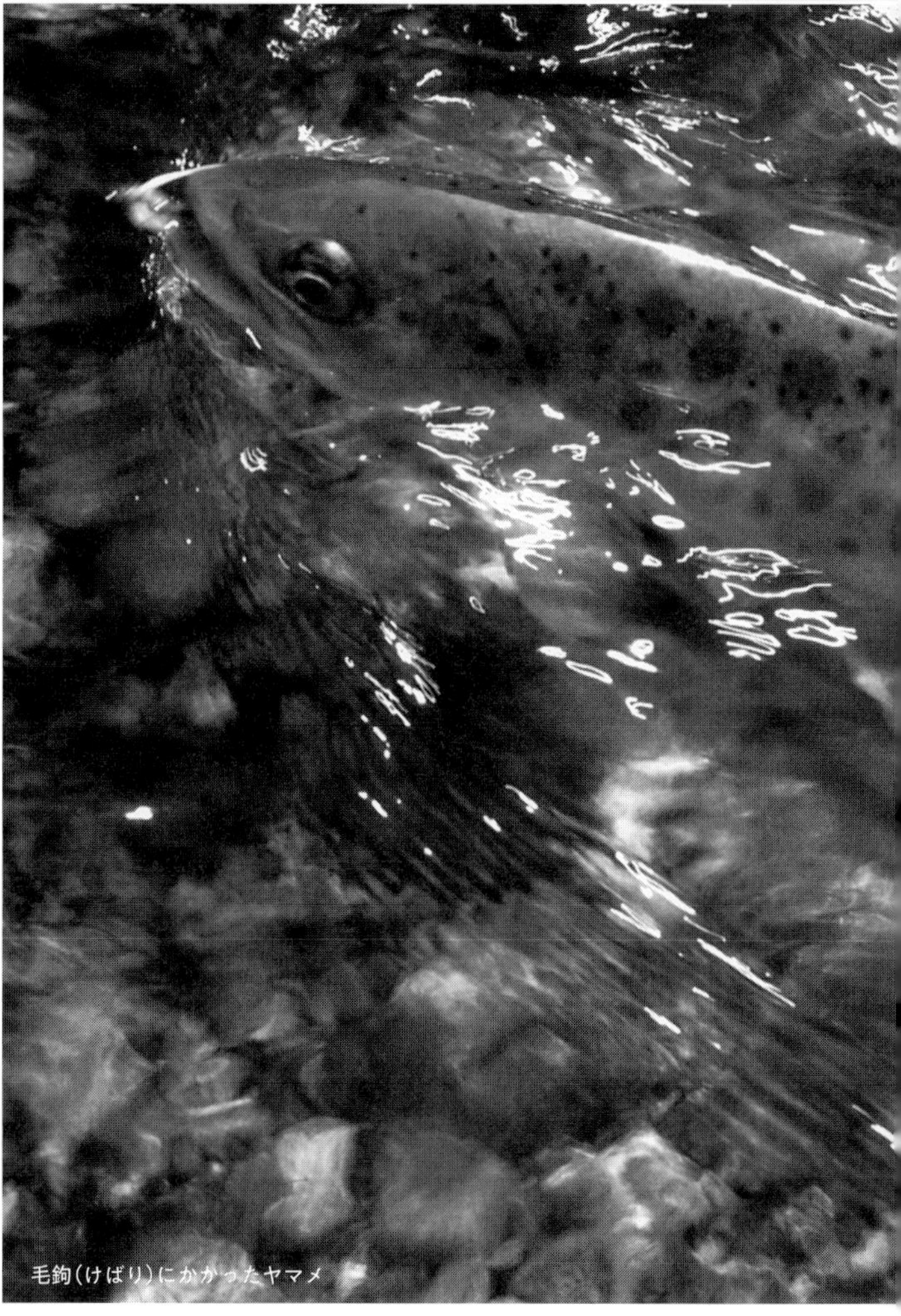

毛鉤(けばり)にかかったヤマメ

泉の成功は銀山平の住民が（予算を通した）村長に恩義を受けることにつながり、

「それは今後のことを考えると賢くない」と……。

僕が〝村杉〟の説を持ち出してみると、〝湖山荘〟は朗らかに笑った。

「〝村杉〟の親爺は現実派だからなァ」

しかし、続けてキッパリ打ち消した。

「でもそんな心配いらねェ。おら、温泉出たら放っとけばいいと思ってるんだ。こっちがあれこれ口出せばおかしくなるけど、放っとけば、役場の方でも出た温泉の管理や使い方に困る。銀山の住民であるおらたちに相談せざるを得んようになる。放っとけば、こっちの立場は自然によくなるんだって」

独自の観点で先を読んでいた。さすがと言うべきか、代々政治家の血筋だけのことはある。

「で、温泉は出ますかね？」

重ねて聞くと、

「出る、きっと……」

その返答は、しかし、気のせいか幾分声の調子が落ちていた。

あたりが暗くなってからようやく雨が上がった。前夜祭は予定どおり、フィッシングハウス村杉の裏手で開催されることになった。

ふだんは駐車場として使用されている小広場の中央に木組みの櫓が建てられ、紅白の垂れ幕がめぐらされている。午後七時半、その広場に立つと、北《きた》ノ又《また》川の河口を挟んだ暗黒の対岸から灯《あかり》が点々と漂いつつ流れてきた。数十、いや数百個にものぼる灯籠流しである。

寄って離れて再び寄って、湖面を音もなく移動する滲《にじ》んだ赤っぽい灯の群れは、単純素朴なだけにそれだけいっそう幻想的に思えた。広場の端に集合した見物客が約五十人と少人数なのも、山里の〝悲恋の貴公子尾瀬三郎供養祭〟(盆踊りの櫓の看板文字)の一部らしく、鄙《ひな》びた風情がある。

ただし、突然マイクから流れ出したいやに荘重な音楽と、とぎれとぎれに聞こえてくる録音テープの声は、やや興ざめだった。

「今を去る平安朝八百年の昔……、平治の乱を境に急速に……、平清盛はこの機に乗じて藤原氏や院政側を抑圧し……」

丘の上に供養塔のある尾瀬三郎の一代記を思い入れをこめて語っているのだが、演出過剰なうえに、テープが古いのか音が濁るのだ。

少ない見物客の中に、伝之助小屋の嫁のよし子の顔があった。夫の邦雄はまだ仕事が忙しく、子供だけ連れてきていた。

「この灯籠流し、もう十一年続いてるんですよ。今年は、うん、例年よりいいみたい。いつもは風で一箇所に寄っちゃったり、バラバラになって沖へ流れたりして、あとでお父さんたち船で集めるのが大変なんです」

彼女らしく醒《さ》めた見方をしていた。

「祭り？　私は嫌いですね。男は行事がすめばそれで終わり、あとは酒だけど、女はその慰労会の準備と後片付けでしょ。何で私たちそんなことしなきゃなんないのか、ねェ」

二月の雪の日に炬燵《こたつ》の中で確認した旺盛な批判精神も健在なようだった。

花火は午後七時五十分すぎに始まった。灯籠流しと同じく北ノ又川を挟んだ対岸の、少し小高い場所から打ち上げられ始めた。しかしこの花火、純朴というよりは淋しい。一発と次の一発の間の時間がありすぎる。思わず「単価が高いんだろうな」と主催者に同情したくなるほど、一つずつ丁寧に花開くのである。

広場に面した村杉の店に洋一の姿が見えたので中に入ってみた。釣り宿の建物の下が土産物屋兼食料品店になっていて、洋一はその店内で仔犬の相手をしていた。

「生後三ヶ月です。名前は同じくダン。前のダンの生まれ変わりみたいなもんです」

白地に黒い斑点のある雄のセッターは、主人の足元をすばしっこく駆け回っていた。

二月に玄関で毛布を被《かぶ》ったまま蹲《うずくま》っていた老犬ダンは、この七月十日に十六歳で大往生を遂げ、一ヶ月前に買ってきた仔犬が二代目ダンを襲名したのだった。

「今年はこいつを連れて行きますよ」

洋一は嬉しそうにダンの頭を撫でた。

「いえ、大丈夫です。今はまだ八キロくらいですが、秋には二十四、五キロの体重になりますから。それまでにみっちり仕込んで……。な、お前、ヤマドリ好きだろ？」

十一月十五日の狩猟解禁日が待ち遠しいと言う。洋一の興味と関心は、目の前の夏を飛び越し、ピッタリと今年の晩秋に向けられているのだ。

店の外から太鼓の音が聞こえてきた。花火〝大会〟は、わずか十五分ほどで終了したようだ。

洋一と一緒に外へ出た。

櫓の上で鉢巻き姿の男が太鼓を叩いていた。その下で、二人の男が代わる代わるマイクを握り歌を歌っている。しかしこれまで一度も耳にしたことのない不思議な盆踊り歌だった。

「湯之谷村専用の盆踊り歌なんですよ。盆踊りではこれしか歌いません。昔の豊年祈願の歌だそうですけど……」

洋一が説明してくれた。

数人の女性たちが櫓の周囲で踊り始めた。ゆっくりとしたテンポの曲で、柔らかく大らかな動きの踊りだった。が、遠巻きにして眺めている数十人の見物客たちは誰一人として踊りの輪の中に加わらない。『炭坑節』や『花笠音頭』のように心浮き立つ誘うような盆踊り歌ではないため、飛び込もうにも飛び込めないのだろうか、男も子供たちも参加しない。ただ中年以上の地元女性のみが、無形文化財の伝統芸能でも披露するように、粛々《しゅく》と舞い踊るばかりだ。

その代わりと言っては変だが、男衆が積極的に参加したのは〝振る舞い酒〟の方だった。櫓の脇にビール樽が据えてあり、役員ふうの男たちがコップに注いだビールを無料配給している。これには見物の浴衣《ゆかた》姿の宿泊客も加わり、僕も相伴《しょうばん》にあずかった。

フラリと〝湖山荘〟が現れたが、〝湖山荘〟はアルコールは一滴も飲まない。

「昔から村では盆踊りの櫓の下で、酒を振る舞うことになってるんだ。ビールじゃなくてドブロクだったけどな」

腕組みして、ただニコニコ眺めている。

「これ、〝尾瀬三郎供養祭〟ってなってるけど。尾瀬三郎と盆踊りとの関連は?」

「関係ねェよ」

〝湖山荘〟は言った。

「盆踊りは里じゃ八月の盆に鎮守様の境内でやってる。今でもやってるけども、おらたち山の人間は行けねェだろ、その時期は。だからはァ、この機会にやってるわけさ」

どうやら前夜祭は、盆踊りなどの伝統行事と花火大会などの観光客向けのイベントとが、ミックスされたもののようだった。そのせいなのか、広場に出店している屋台は二軒のみ、伝統の綿アメ屋と珍奇なアクセサリー(電池で子供用頭飾りの先端がピカピカ光る)屋というチグハグさだ。

いつの間にか踊る女性たちの中に〝湖山荘〟の妻の澄子も交じっていた。笑顔で堂々と舞っている。働いてない〝母ちゃん〟の姿を目にするのは、考えてみれば初めてのことだった。

「明日の除幕式は何人ぐらいくるかな」

僕が言うと、

「おら、百五十人ほどと聞いてるが……」

〝湖山荘〟は妻の方を少し気にしながら答えた。

## 敵に塩は送らせんが……

高さ三・八メートル、幅一・六メートル、重量約十トン、直立した灰褐色の安山岩に、作家直筆の文字で〝河は眠らない　開高健〟と深く刻み込まれていた。傍《かたわ》らに黒御影《みかげ》石の副碑があり、「碑によせて」として石碑の由来が記されている。

今は亡き作家開高健氏は銀山平に逗留され　作品「夏の闇」の構想を練りながら竿を片手によく散策を楽しまれた
　銀山湖畔の　水は水の味がし
　　木は木であり　雨は雨であった
と著書「白いページ」に謳い　また奥只見《おくただみ》の魚を育てる会の会長として自然にさからわず　その保全を強く訴え続けられた
開高会長が悠久の自然を願う口癖の言葉〝河は眠らない〟を碑にとどめ　ここ北ノ岐川の故人ゆかりの地に建立《こんりゅう》してその意志を後世に伝えたい

一九九一年　夏の盛りに

副碑の文章中、最後の行の「その意志」は〝故人の生前の志《こころざし》〟の意味だから「その遺志」ではないかと思うのだが、それはともかく、銀山平の開高健記念碑はみごと完成し、あとは除幕式を待つばかりだった。

午前九時半、式場となる石抱橋《いしだき》のたもと（監視小屋の横、〝銀の道〟の一合目上り口）では、〝教育長〟や村役場の職員、〝湖山荘〟や〝村杉〟など関係者らが最後の準備に忙しかった。二張のテントの下に百数十脚の椅子を並べ、受付の準備をし、マイクやスピーカーの位置を定め、式次第《しきしだい》を貼り出し、パンフレットや飲み物の数を点検し、大切な除幕の予行演習も白い布を石碑に被《かぶ》せて何度もやってみる……。はなはだ慌ただしかったが、前夜まで断続的に降っていた雨がすっかり止み、雲の切れ間から日が射し始めたのが幸いだった。

「よかったですね、こんなに晴れて」

椅子運びを手伝いながら僕が声をかけると、スーツ姿の〝教育長〟は弱々しく笑って、

「疲れたよ」

と言った。ただでさえ痩せた顔の、両頬の肉がゲッソリとそげ落ち、両目の周囲には色濃く疲労の跡が染み出ている。聞けば、作家の遺族との意思の疎通を

渓流釣りは動きの連続。
川も渡れば、雪渓も越え、崖をも登る

はじめ、神経をすり減らす作業が直前まで続いたのだと言う。

前夜〝湖山荘〟は僕に、「今回の碑は〝教育長〟がいねばできんかった」と言ったが、まさしくそうだった。昨年九月に〈育てる会〉の年次総会で記念碑建立が決まって以来、具体的作業の中心となり一貫して計画を推し進めてきたのは〝教育長〟だった。全体プランの作成、村や地権者との調整、資金の調達、遺族との交渉、碑文の考案、石材の手配、式典の準備、すべてそうである。五月に〝教育長〟に会った時は、中魚沼郡津南町《なかうおぬまぐんつなんまち》でようやく見つけた銘石の安山岩に碑文を彫ってもらっている最中だったが、作業中の写真を何枚も僕に見せ「あんまり石ばかり見て回ったんで、石馬鹿になっちまったよ」と自嘲していたものだ。

「でも、あと数時間じゃないですか」

僕が言うと、幕を引く練習を指示していた〝教育長〟は振り返り、いつものように眉を寄せた泣き出しそうな笑顔を見せた。

碑は、砂利を敷き詰めた小広場の奥、幾つもの自然石を組み合わせた台座の上に据えられていた。背後には北ノ又川沿いの樹海が続き、遠方ははるか山峡に残雪をまとう越後駒ヶ岳《えちごこまがたけ》がゆったりと横たわっている。石抱橋の下を走る水は豊かに澄んで渦巻いていた。死んだ作家の言葉遣いを真似れば〝豊饒にして無《む》垢《く》〟な空間、とでも呼べようか。

いずれにせよ記念碑は奥只見《おくただみ》の自然の真っ只中、作家の固執《こしつ》した禁漁区の入り口に、禁漁河川《かせん》の清流を見守るように建っており、それは作家の「遺志」に添うものでありながら同時に、碑を建てた「後世」の人々にとって充分に政治的なメッセージをも持っていた。

「今日の招待客のリストには〈でんぱつ〉も入ってるんですか?」

僕は、一段落して受付の席に腰を下ろした〝教育長〟に尋ねた。

「入ってない。呼ばんかった。正式に招待すれば向こうも寄付金包んでくるさ、でもそれは受け取れない。今回は〈でんぱつ〉からはいっさい金もらわん方がいいんだわ。もらうとあとでややこしくなる」

今回の建設費約六百万円は、あくまで〈育てる会〉が中心となって碑建立準備会(大平昭作会長)を組織し浄財《じょうざい》を募ったもの。北ノ又川に揚水《ようすい》ダムをと目論んでいる〈でんぱつ〉に、敵に塩を送るような行為はさせたくない、ということのようだ。

午前十一時をすぎて次々と花輪が届き、石碑の周辺が急に賑やかになった。大半が故人と付き合いのある大手出版社からのものだ。それはいいのだが、やがて大挙してやってきたその出版社や新聞社の元担当編集者とおぼしき人々の行動は、〝教育長〟や〝湖山荘〟など受付のテントに座っていた主催者側を驚かせた。到着するやいなや、主催者側にろくに挨拶もせずに、花輪の位置がどうの椅子の並べ方がどうのと苦情を言い、自分たちで会場を仕切り始めたのだ。地元の係員に指図する者さえいる。

「なんだ、ありゃ？」

〝湖山荘〟が呆れた表情で言った。

「……慇懃無礼《いんぎんぶれい》な連中だ」

ムッツリと腕組みして眺めていた〝教育長〟は、一言吐き捨てるようにそう言った。

開高健記念碑除幕式は午後一時半開始である。それまでまだ時間があり、さまざまな役職を引き受けている〝湖山荘〟は別会場で行われる湯之谷村主催の〈夏の雪まつり〉開会式にも顔を出さなければならない。〝湖山荘〟は中座し、僕も同行することにした。

道の両脇に青地に白の文字で〝ふれあい夏の雪まつり〟と染め抜いた幟《のぼり》がはためいていた。前日まで陰鬱な雨模様だったのでさほど気にも留めなかったが、こうして天気が好転してみると、なかなか効果的な祭りの小道具だ。ふだん道路標識以外に人工的装飾物がなく、タヌキやキツネが横切るような道路なだけに、よけい山里のショー・アップを感じる。

会場である中荒沢《なかあらさわ》右岸のスポーツ広場に到着してみると、けれども、小道具とかショー・アップうんぬんどころではなかった。僕が予想していたのより〈夏の雪まつり〉ははるかに大規模なイベントだったのだ。

「ああ、あれか。二月に集めた雪だ。十三万トンだったかな。今年は雪質もいいし、いくらも減らねェで残ったんだ」

ギッシリと車が詰まった駐車場の向かいに、初級者用のスキー教室でも開けそうなくらいのミニ・ゲレンデが出現していた。何十組もの子供たちや親子連れがソリや古タイヤのチューブを使って滑走を楽しんでいる。

保存しておいた雪を利用して遊ぶ夏祭りだから〈夏の雪まつり〉。それは知っていたが、中荒沢の山陰《やまかげ》の一角を覆っていた大きなビニール・シートの下が全部そのための雪だったとは、想像もしていなかった。祭りの時期なので土砂流失防止か何かのため工事現場にシートでもかけたのだろう、と勝手に思っていた。どうも、前日の花火大会や盆踊りがあまりに素朴でささやかだったせいか、小規模に違いないという先入観を抱いていたらしい。

鮮やかな緑に映える雪のゲレンデを後に、〝湖山荘〟と僕は〝ようこそ湯之谷村へ〟と書かれた真っ白い入場門を潜った。

会場のスポーツ広場はサッカー場ほどのだだっ広さで、正面奥に鉄パイプを組んだ大きな特設ステージがあり、残り三方にぐるりと白テントが建てられていた。

おのおののテントは、村内各地区の特産品売り場や模擬店、各企業の出店などで、揃いのハッピを着た売り子が賑やかな呼び込みをやっている。テント前の人影はそれほど多くなかったが、山菜加工品や干しシイタケを大量に買う人が少なくないところをみると、村外や県外からの客も案外いるようだ。

中に二箇所ほど人だかりがしている場所があった。農協養豚部の〝豚の丸焼き〟

コーナーと、酒造業者の〝雪蔵酒〟サービスのテントである。豚の方は文字どおり丸ごと一頭を鉄串に刺し貫いて焼き上げるバーベキューで、子供たちが手に紙皿を持って目を輝かせ取り囲んでいたが、残念ながら多少時間がかかりそうだった。で、僕は、中年男性らが列を作っている〝雪蔵酒〟の無料サービスの方へ並んだ。〝雪蔵酒〟とは出来たての清酒を雪中保存したものだった。七、八分並んで飲んでみたが……、どうということはない。

ステージのそばには空気で膨らませた巨大パンダのトランポリン（？）があり、幼い子供たちが歓声を上げていた。餅《もち》つきコーナーを取り巻いているのはもっぱら家族連れだった。白の帽子に白のTシャツの老人の一団は胸に赤く〝湯之谷村〟と記してあるから村の老人クラブのメンバーだろうか、ひと塊《かたまり》になって地面に腰を下ろし弁当を広げている。

各種の催し物があちこちで行われていた。会場が広いので人出はまばらな気がするが、ザッと数えても千人近い人々が集まっていた。前日までのひっそりとした銀山平を思うと、〈夏の雪まつり〉は疑いもなく村をあげての一大イベントなのだ。

〝湖山荘〟はステージ近くの役員用テントの中にいた。たくさんの人が挨拶にやってきて、そのたびにお茶のカップを置き、立ち上がって応じる。その人々の中に、隣のテントからやってきて親しそうに挨拶をした人物がいた。「所長だよ」、立ち上がる前に〝湖山荘〟が僕に教えた。所長、すなわち電源開発の奥只見ダムの所長である。

「やァ、どうもどうも」

「ごぶさたしてます。本日はどうも……」

二人は友人どうしのように世間話を始めた。少なくとも、傍《はた》から見るとそうだった。〈でんぱつ〉は、役員用テントに隣接するテントに陣取ってPR活動を展開していた。ダム建設の意義と実績を強調した豪華な資料やパンフレットを無料配布し、銀山湖の流木から作った〝流木炭〟なるものを展示、自社の技術者による「未利用資源の有効利用」を訴えていた。

突如、行進曲が聞こえてきた。村内の小学生による鼓笛隊のパレードである。零時三十分だった。式次第を見ると、ついで別の小学校の児童による銀山太鼓の演奏、そして湯之谷村〈第3回夏の雪まつり〉の開会式と続く予定だった。

形のいいイワナがかかる。喜びを抑え、緊張の一瞬

## 作家開高健は眠ったのか？

午後一時三十分、大急ぎで石抱橋のたもとに戻ってくると、記念碑建立準備会代表の大平昭作が〝開式のことば〟を述べているところだった。補充された椅子までがテントからはみ出し、すでに二百名近い参列者である。

最初に〝除幕〟が行われた。

開高夫人と娘、つまり詩人の牧羊子《まきようこ》とエッセイストの開高道子《みちこ》が前に進み出て、碑に被せられた白幕を、紅白の紐を握って引き落とす。

ちょっとだけ幕が石碑の角に引っ掛かったが、碑の脇にしゃがんでいた係員が咄嗟《とっさ》に片手で幕を引っ張り、離れた場所から見ると、女性二人の手で幕が除かれたように見えた。事前に何度もテストを重ねたおかげである。

拍手の後、司会役の〝教育長〟がマイクを握り「黙祷をお願いします」と言った。全員が起立して目を閉じた。シューベルトの『鱒《ます》』の旋律がゆるやかに流れた。

そして湯之谷村村長佐藤孝雄や〈育てる会〉代表常見忠《つねみ》が次々に立って石碑の前で挨拶を述べた。村長は、〝湖山荘〟や僕と同じく〈夏の雪まつり〉会場から急いで駆けつけた組だが、先刻の開会式の挨拶同様に強い越後訛《なま》りの大きな声で、銀山平の自然と著名作家との幸運な出会いを称《たた》えた。その中で村長は「ここにいますと、空気は空気の味がする、という気がするわけです」と言ってみせたりした。むろんこれは、巧みかどうかはともかく、副碑の一文を意識してのものだ。副碑にある「銀山湖畔の　水は水の味がし　木は木であり　雨は雨であった」は、著書『白いページ』から抜粋したとなっている。しかし厳密にいうと再構成したものであり、実際の該当箇所は次のようになっている。

昭和四十五年の六月、七月、八月、私は仕事をしようと思って新潟県の山奥の銀山湖畔で暮した。ここは水道も、ガスも、電気もなく、一年の半ば近くが雪に埋もれるので、年賀状が五月に配達されるというような聖域である。その湖畔の林業事務所の小屋の二階にこもり、バターをさかなに焼酎を飲み、夜は石油ランプをともして本を読んだ。食料品はいっさいがっさい宿の主人が車を走らせて電発トンネルを十八もくぐって小出《こいで》の町へ買出しにいくのだが、それにカドミウムだの、水銀だのが入っていたら(――おそらく入っているのだろう)どうしようもないが、湖畔にはスモッグもなければ農薬もなく、水は水の味がし、木は木であり、雨は雨であった。

この文章の最終行に目をつけ、「銀山湖畔の」と原意を損なわない調整を加えたのは〝教育長〟だ。〝教育長〟の才覚をこそ褒《ほ》めるべきだろう。

式典は滞りなく進行していた。

時間が経つに従って青空が広がってゆき、この頃になると石碑の後方の駒ヶ岳の稜線もクッキリと見えるようになった。渓流の水音とは別に、どこからかオオルリやホオジロの鳴き声も聞こえてくる。

それまでおとなしくしていた取材のテレビ・クルーやカメラマンたちがにわかに動き始めた。〝来賓祝辞〟でサントリーの佐治《さじ》敬三会長がマイクの前に立ったからだ。

「えゝ、只今ご紹介を受けました佐治です。……」

恰幅のいい白髪の紳士は突然言葉に詰まった。咳き込むように嗚咽《おえつ》した。テレビ・カメラが駆け寄り、シャッター音も連続する。

「本日ここに、開高君の碑が建立されましたことについては、私個人にいささかの感慨がございます……」

再び嗚咽、カメラのシャッター。

佐治は、義父が小出町出身なので結婚後まもなく魚野川《うおの》でアユ釣りをしたりと浅からぬ地縁があることを述べ、その後開高に誘われて何度か奥只見へ通ったと語った。開高が「ゴルフみたいなもんやめときなはれ」と初めてキャスティングを教えてくれたのが銀山湖だった、と。

「立派な碑ができまして……。河は眠らないけど、開高は眠ってしまった……」

あとは言葉にならない。関西経済界の老雄はすっかり涙もろくなっていた。

小出町長の音頭による〝乾杯〟が終わると、いよいよ開高夫人牧羊子の〝謝辞〟である。

黒の帽子に黒と白のジャケット、黒いパンタロンに白靴という服装の未亡人は、小柄だが痩せて引き締まった厳しい表情をしていた。佐治と違って感情に左右されず毅然《きぜん》としているように見えた。

「これ以上の開高健の文学碑は土地、場所、時機、いずれも考えられないほどの立派な碑を建立していただきまして、関係者の皆さま本当にありがとうございました」

取材陣は全員カメラの放列を敷いている。その前で牧は声を上げ、「いろいろな文学碑を見たがこれを超える文学碑はないんじゃないか」とまで言った。

「天と地と草木と、風と水と石碑、渾然一体となったコスモスであろう。これは四次元、五次元の世界だ。素晴らしい碑だなと、本当に感心いたしました」

ボルテージが異様に高まっていた。佐治会長以上に感情的になっているのだろうか？

「この渓流のシャンテに、湯之谷村の人たちの何と超人よと、呆れ果ててしまったのでございます」

牧は、昨年十一月に記念碑建立の申し出を承諾したのはひとえに村民の熱意のせいであり、実は開高健記念碑の計画はそれまで二件あって、湯之谷村は三番目だったと打ち明けた。

僕は〝教育長〟の方を見た。〝教育長〟は、前日までの手強《てごわ》い交渉相手の打って変わった大満足・大感激の言葉を、疲れた表情で聞いていた。

「私は、河は眠らないように開高も眠ってないと思います」

作家の妻は先程の佐治の言葉を否定した。意気軒昂たる未亡人に、参列者の前での涙は無縁のようだった。そして牧は、出版されたばかりの開高の新しい文庫本を多数持参したと告げた。

「ぜひ、彼のスピリットをお持ち帰りいただきたいと思います。(今後この場所を?)世界の奥只見、世界の銀山湖と輝かせて下さい」

開高健夫人である詩人の〝謝辞〟はきわめて格調高く終わった。格調が高すぎて、参列者、特に一時間前まで式典準備に忙殺されていた地元の関係者たちは、拍手をするタイミングがすぐには掴めなかったくらいだ。

しかし、ともあれ、〝教育長〟や〝湖山荘〟〝村杉〟など〈育てる会〉でこの企画の中心となった人々にとって、およそ一年越しの大きなイベントが無事終了したわけである。

〈育てる会〉常務理事斎藤登の〝閉式のことば〟の後、開高母娘、佐治夫妻、常見などの主だった人々は、碑の前でさまざまな参列者に請われて記念撮影に応じた。残りの人々は、準備会で用意した記念碑の写真や資料、それにサントリーの缶ビールや作家の新刊文庫本などをもらい、帰路につき始めた。希望者はバスで〈夏の雪まつり〉を見物し、村杉小屋で一服してもいいのだが、帰ってもいい。

「〝教育長〟、あんた死んだら隣にあんたの石碑建ててやるよ」

人混みの中、〝湖山荘〟がいかにも〝湖山荘〟らしい言い方で、大役を果たし終えた〝教育長〟をねぎらった。

「馬鹿言ってらァ」

受付席の椅子を片付け始めた〝教育長〟は、式典の司会者から元の裏方に戻り、明らかにホッとした顔つきで答えた。

禁漁区3年目、初めてのフィッシュ・ウオッチング。猿ヶ城にて12名

開高健の記念碑建立《こんりゅう》は
「育てる会」にとって、大きな節目に

中ノ岐・神蜂（かんばち）よりの銀山湖の夕暮れ

銀山平のところどころには植林されたスギやヒノキの林がある。
日差しを避けて、一息ついた

たった10分間ほどだが、銀山平の夕暮れは、いつも切ないまでの感動ドラマ

利根川の水源域・大水上山（おおみなかみやま）から見た中ノ岳の雄姿

この雲の下に、かつて銀鉱掘りに沸き、最盛期には民家1000軒を数えた銀山平がある

６月上旬、イワナ釣りはまだ始まったばかり（中ノ岐川源流域）

毛鉤にきたヤマメ。実によく戦う

クロマムシに出会った。マムシ酒にするにはアカマムシのほうが喜ばれる

カゲロウ。
イワナやヤマメの大好物である。
寿命は数時間しかない

枝折(しおり)峠の朝。峠を経由しての銀山平までの道は、
尾瀬三郎房利も辿ったという伝説の道

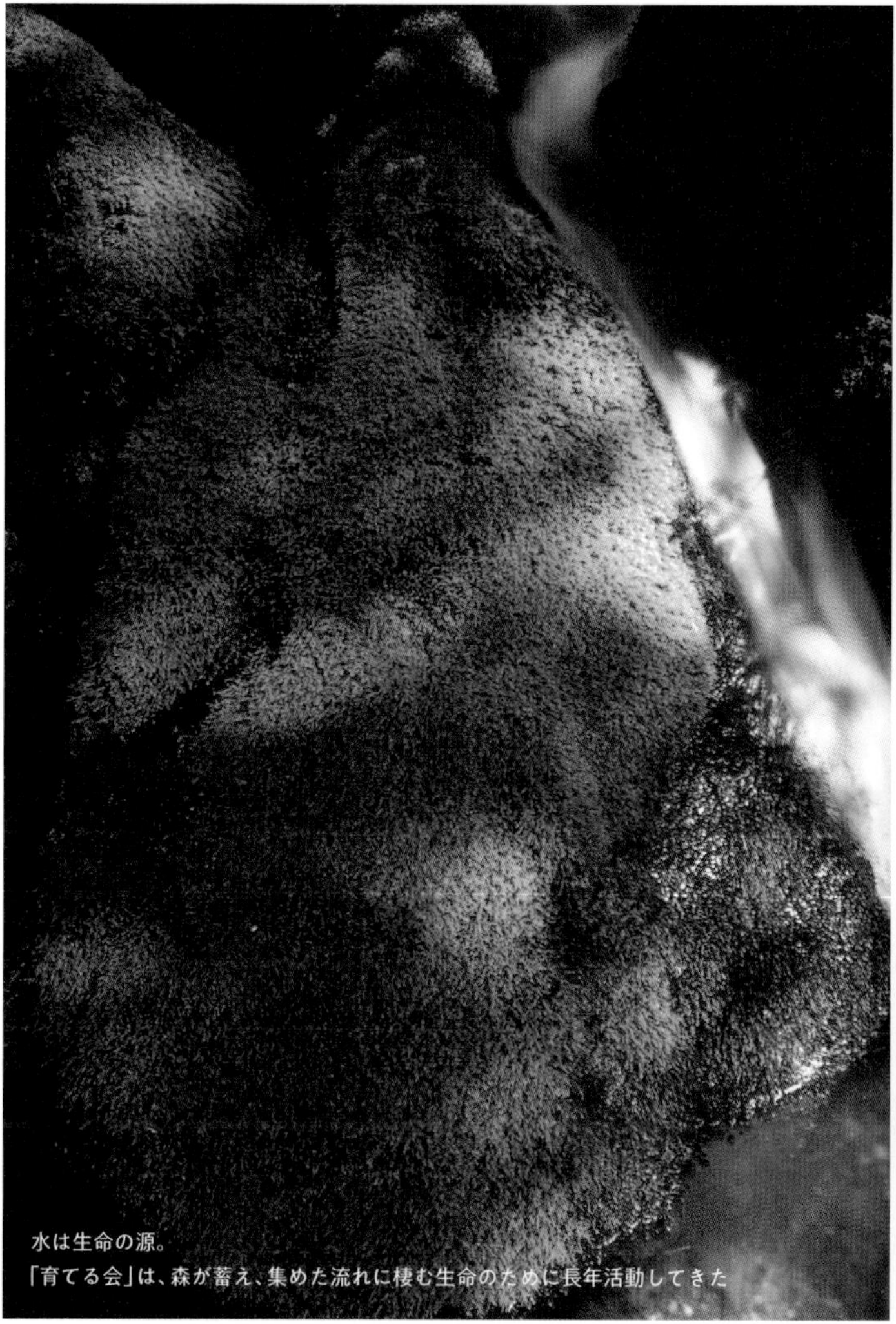
水は生命の源。
「育てる会」は、森が蓄え、集めた流れに棲む生命のために長年活動してきた

平ヶ岳より見た奥利根方面

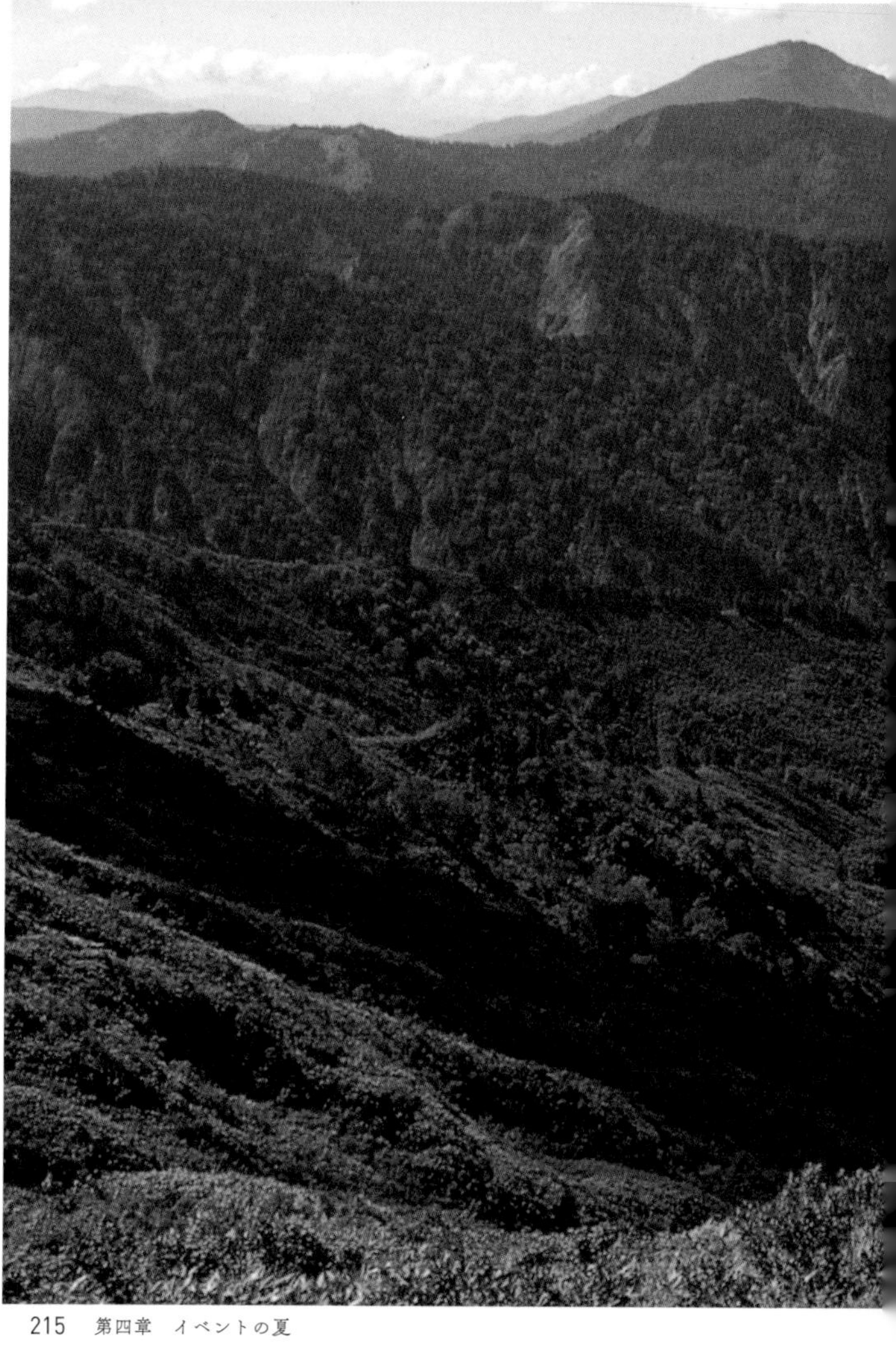

うまい！　膨らみのある冷たい生命の水だ

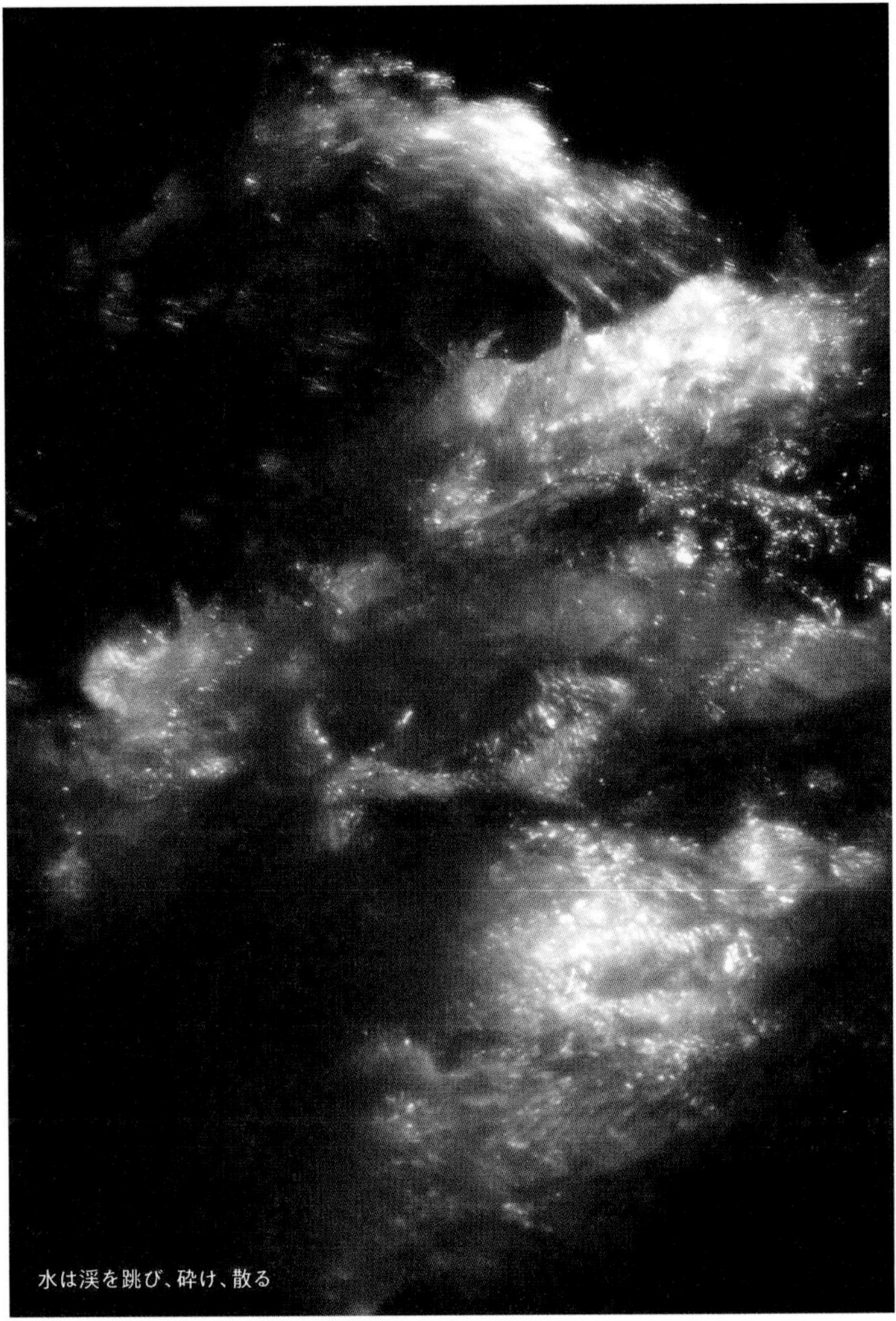

水は渓を跳び、砕け、散る

荒沢岳前嵓(まえくら)よりの夕焼け

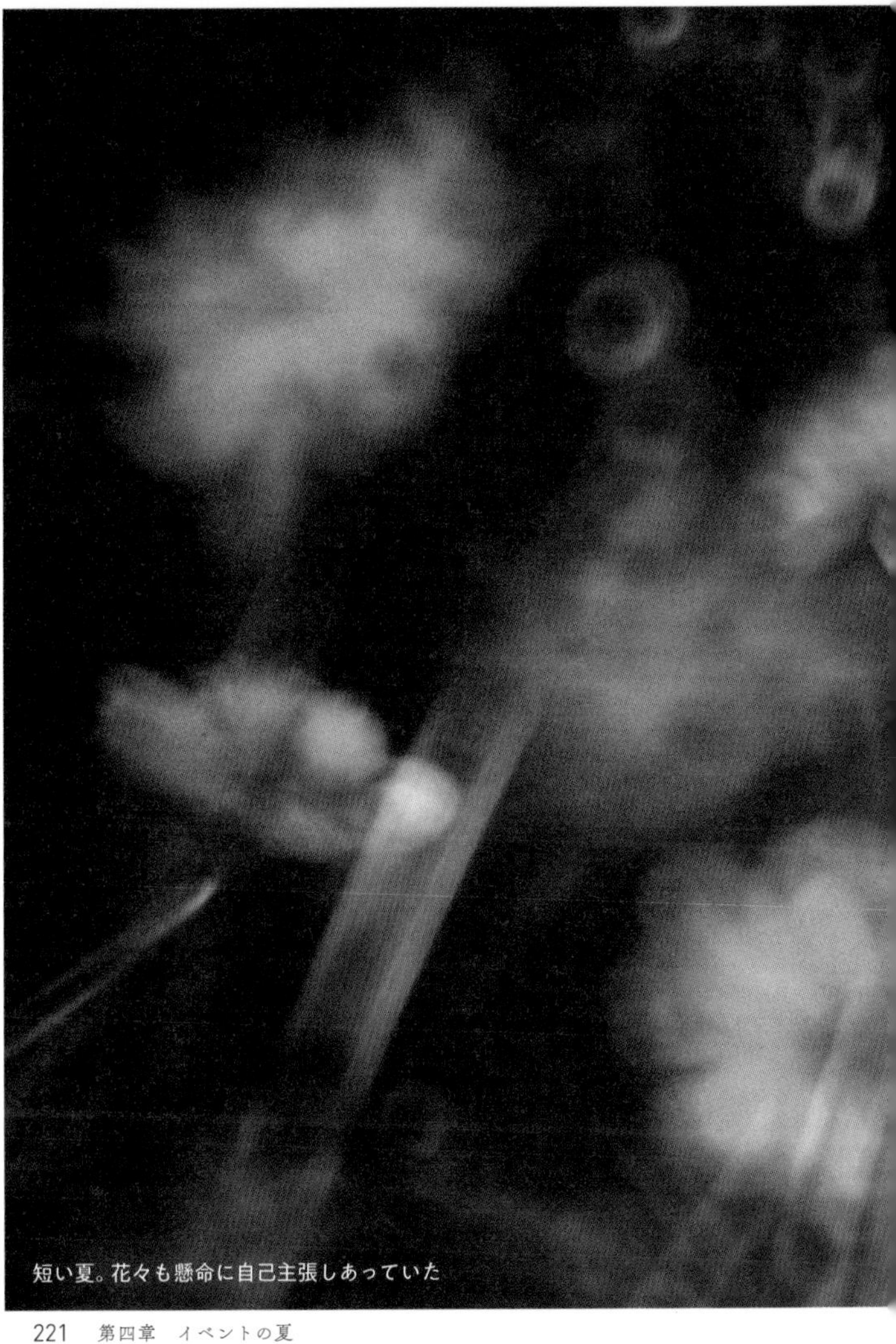

短い夏。花々も懸命に自己主張しあっていた

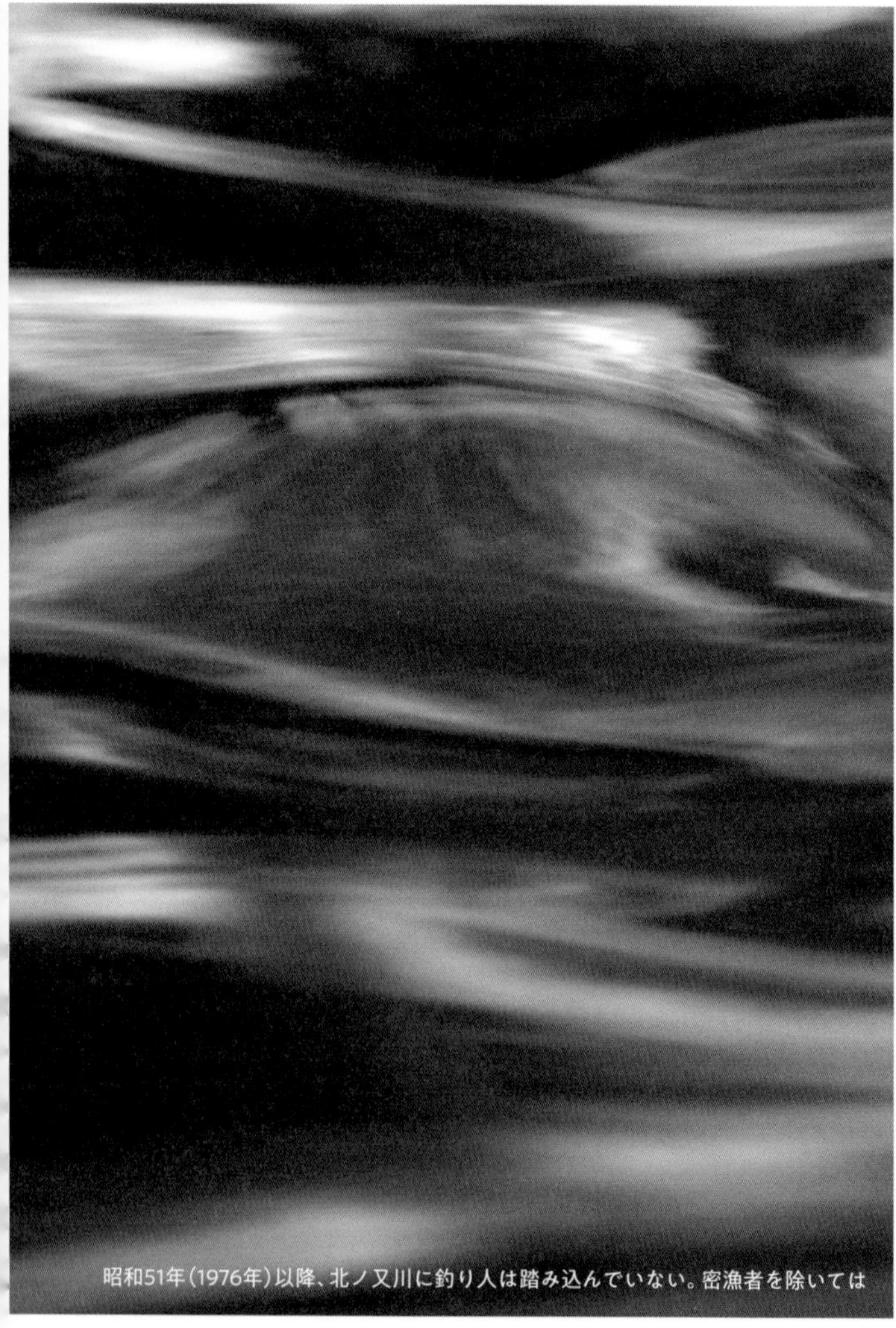

昭和51年(1976年)以降、北ノ又川に釣り人は踏み込んでいない。密漁者を除いては

# 第五章 揺れる台風シーズン

渓川も時に牙を剥(む)く

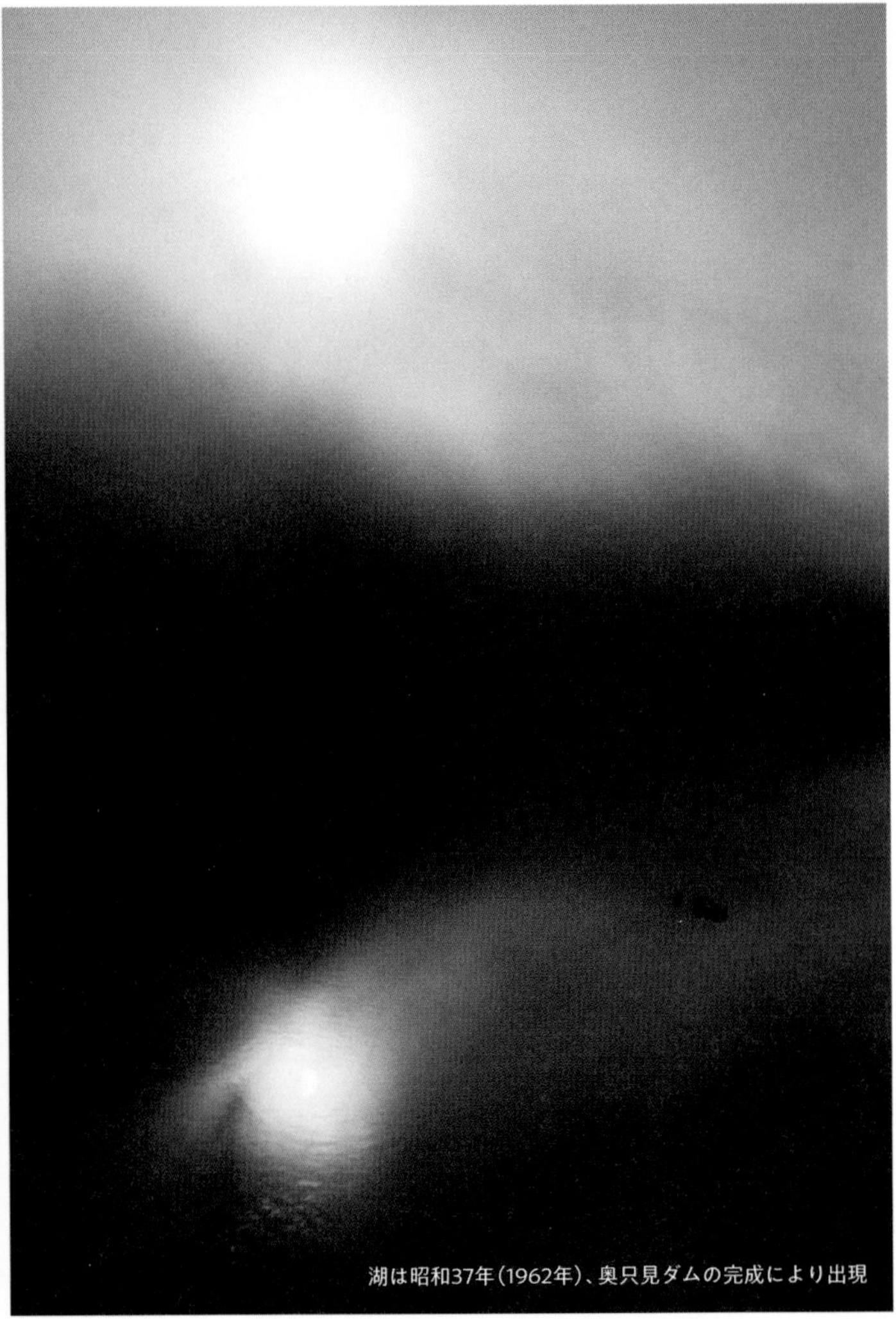
湖は昭和37年(1962年)、奥只見ダムの完成により出現

## 浅はかな自然観を恥じた

奥の小広間で写真家と夕食を食べながら見たテレビ・ニュースによると、翌日の土曜日はまた台風による暴風雨になりそうだった。

大型で非常に強い台風19号が接近中で、新潟県は今夜半から暴風域に入る見込み、午後六時半現在県下全域に暴風波浪警報が出ているという。雨だけで風はまだ強くはないが、これから急速に激しさを増すらしい。

振り返ってみれば、前回七月の下旬に奥只見《おくただみ》を訪れた頃から週末の天気は荒れ模様だった。その後八月・九月と週末のたびに日本列島は台風に見舞われ、接近または上陸した台風は19号で九個目、結果として冷夏、長雨というまさしく異常気象が続いていた。

「日曜日のフィッシュ・ウオッチングまでには回復するよね」

「大丈夫だと思うけど、最近の天気はあてにならないからなァ」

僕と写真家は食事中、アメリカやヨーロッパ、中国などでもこの夏起きた天候異変と取り沙汰される地球環境の悪化について、ひとしきり素人談義を交わした。

夕食の後、やってきた〝湖山荘〟が一枚のコピーを僕に手渡した。〈でんぱつ〉社長から湯之谷《ゆのたに》村村長にあてた〝湯之谷揚水《ようすい》発電計画について(お願い)〟とする書類である。読んでみると概略以下のような内容だった。

昭和四十六年(一九七一年)以降〈でんぱつ〉が県と協力して調査をしてきた湯之谷村揚水発電計画は、「電力需要の低迷」で昭和五十八年に〈でんぱつ〉側がいったん手を引いたが、現在また「電力需要の伸び」が従来になく大幅になっており「電源開発の促進が急務」となっている。関係電力会社各社も開発・調査に合意した。ついては、県には佐梨《さなし》川ダム総合開発事業計画に対し揚水発電の形で参加させてもらうべく要請しているので、湯之谷村でも「揚水発電計画の諸調査実施に対し一層の御理解と御協力を」、というのである。つまり、早い話が、北《きた》ノ又《また》川の実施調査を再開させてほしい、〈でんぱつ〉は北ノ又川ダムの建設を諦めたわけではない、ということだ。実にしぶとい人々である。日付は九月二十一日、六日前となっている。

「あれ？　さっき車の中で、〝村長はハッキリと反対表明した、一歩前進だ〟って言ってたんじゃなかった？」

僕は〝湖山荘〟に問い直した。

〝湖山荘〟はこの日、浦佐《うらさ》駅から銀山平へ向かう車の中で、「今月の村議会で村長が揚水発電計画の上池を北ノ又川に設けることは断念すると明言した」と我々に話したのである。嬉しそうな表情で、「代替《だいたい》の上池は隣の入広瀬《いりひろせ》村の明神《みょうじん》沢になるだろう」と言っていた。

「ああ、言った。だどもその後二十一日になって〈でんぱつ〉からこの書状が届いたわけだ」

「じゃあ、どうなるわけですか？」

「本格的な対決になるわな。今後〈でんぱつ〉は、地権者である我々五十八人衆の切り崩しにかかると思うが、事態はとりあえず一歩前進だ。村長が議会で〝断念する〟って言ったんだから。議会での発言はおいそれとは訂正できんよ」

〝湖山荘〟は囲炉裏《いろり》の前で胡座《あぐら》をかいた。

僕は、七月に完成した開高健《たけし》記念碑はやはり効果があったんだな、と思った。石抱橋《いしだきばし》のたもとのあの場所は北ノ又川に揚水発電用の上池が建設される際のまさに塞《せ》き止め口、そこに著名文学者の記念碑が建立《こんりゅう》され、内外の関係者が除幕式に集まってマスコミに報道され、その席に湯之谷村の村長が出て歓迎の挨拶を行ったという事実は、やはり大きいのだと思った。村長の〝断念〟も当然だろう。

「だども、それでは収まらねェ」

〝湖山荘〟はトレーナーのズボンの裾をまくり上げて、臑《すね》をさすった。

「村長とすれば、そのまま黙っておれば大変な額の固定資産税が入る計画を拒否するわけだから、それなりの見返りが必要だわな、〝ダムはやめたけど、その代わりにこれこれのことが村民の利益になる〟みたいな」

「例えば、何ですか?」

「ゴルフ場は論外にしても、北ノ又の傾斜地にスキー場はどうか、ぐらいのことは考えとるだろ」

「そりゃダメだよ」

すぐに写真家が口を挟んだ。

「ゴルフ場もスキー場も同じことじゃない。どっちにしてもかなりの施設を造ることになるんだから、木は伐り倒されるし川も汚れる。〝種川《たねかわ》〟としての機能がなくなっちゃうよ」

「まァまァ……」

戦闘的環境保護論者である写真家を、〝湖山荘〟は軽く片手を上げて宥《なだ》めた。

「そういうことは、これから村外の友人・知人はじめいろんな人の意見を聞きながら、じっくり策を練っていけばいいんだて」

言われて写真家は腕組みをした。

僕も写真家も、これまでの会話から〝湖山荘〟が、北ノ又川のスキー場建設に必ずしも反対でないことは知っていた。自分の代はともかく、息子の慎治《しんじ》の時代になれば、釣りだけではなくより安定した顧客誘引の要素が必要と考えているのだ。さもなければ若い人たちは銀山平での仕事を継がないだろう、と。

九月二十七日現在、八百メートルまで掘った丸太沢のボーリングは、まだ温泉に突き当たっていない。だから、この時点で〝湖山荘〟の親心をウンヌンすることなどできなかった。

「ま、先の話だからね……」

写真家は言って、窓の方を見た。窓ガラスに吹きつける雨脚が速くなり、波状的な強さを次第に増していった。


午前三時。眠れない。

ウトウトとはするのだが、荒れ狂っている風が時折まともにログハウスに襲いかかり、天井や壁が悲鳴を上げるように軋《きし》み出すと、すぐに目が開いてしまう。次の瞬間ログハウスがバラバラになって、叫ぶ暇もなく真っ暗闇の嵐の中に放り出されそうで、居ても立ってもおられず、思わず懐中電灯を握りしめる。

二度ばかり懐中電灯をつけてみたが、部屋の反対側の隅に布団を敷いている写真家は健《すこ》やかな寝息をたてていた。自分だけが臆病《おくびょう》なのかと気が滅入ってくる。

我々が湖山荘の母屋《おもや》からこのログハウスに戻ってきたのは真夜中すぎだった。見たいテレビの深夜番組があったけれど、突如全館停電になり、仕方なく引き上げたのだ。ログハウスの方も真っ暗だった。しかも、布団が敷いてある一階の窓の木の扉が一箇所吹き飛んでいた。

そのままでは就寝中いつ窓ガラスが割れて風雨が吹き込んでくるかわからないので、一階の布団を片付け、二人とも中二階で寝ることにしたのだ。その時僕は、「ログハウスが風で壊れるなんてこと、ないよね」と言い、写真家は鷹揚《おうよう》に笑って首を振ったのだが……。

我々が宿泊しているログハウスは建築後十年も経ってない。まだ新しい。もともと〝湖山荘〟が父親一策の隠居用に建てたものなので造りも丁寧、一抱えもあるような丸太がガッシリと組み合わされている。銀山平と言わず宇津野《うつの》地区全体でももっとも頑丈な住宅の一つと言っていい。……それはよく理解しているつもりだが、その堅牢無比なはずの湖山荘のログハウスが、この夜の台風19号の烈風にはミシミシと全身を震わせ、風の当たりどころによっては今にも浮き上がりそうなのだ。

ログハウスは銀山平の建物の中では一番東の端、銀山湖を望む高台の突端に建っている。湖面を渡る風が激しく吹き上げてきて最初にぶつかる位置だ。ということは、多少緩和された風雨を受ける他の釣り宿に被害はなくとも、ログハウスだけは……。もしも窓が破れて一階の部屋に風が吹き込んできたら……。

ますます両目が冴えてしまう。

僕はいつでも非常事態に対処できるよう布団の中で身構えながら、これまで山の自然を甘く見てきたところがあったのではないかと反省した。

確かに二月に銀山平を訪れた時には、『北越雪譜』に描かれているような豪雪に驚嘆した。しかし好天の穏やかな日で、吹雪に立ち往生したわけでもなければ、雪中で夜を明かしたわけでもない。五月には中荒沢《なかあらさわ》の渓流を溯り、上流の残雪地帯で根こそぎになった木々を目にして山間の嵐のすさまじさを思った。しかしこれとて、枝をへし折り木を裏返す大嵐を実際に体験したわけではない。そのほか、駒《こま》ヶ岳の登山で疲労困憊《こんぱい》したこと、北ノ又川の渓流に落ちたことなど幾つかあるが、それらはいずれも自分の体力不足の産物、自然の方が牙を剥《む》いて襲いかかったのではなかった。

結局僕は、これまでたまたま幸運に恵まれていたが故に、山の自然の猛威と直面しなくてすんだのだ。山が機嫌を損じ、怒り狂う場面に立ち会わなくてもよかった。振り返って考えてみることもなかったが、それはやはり、偶然そうだったにすぎない。山は荒れることがある。現に、……今がそうだ。

地鳴りのような恐ろしい轟音を伴った風が体当たりしてきた。漆黒の闇の中でログハウスが震動し、揺さぶられ、縮む。周辺の樹木が梢が、断末魔の絶叫を繰り返している。

生きた心地がしなかった。僕は自分の不明《ふめい》を悔やんだ。浅はかな自然観を恥じた。神仏に祈った。暴風雨がほんの少しでも治まるのなら、何であろうと進んでやる覚悟だった。

写真家の熟睡が信じられなかった。

## 気持ちいい、この感触！

寝不足でモーローとした頭で起き上がった時には、台風はすでに遠ざかっていた。

昼までに台風19号は温帯低気圧となってオホーツク沖に抜けていた。正午のニュースによると、この台風による死者・行方不明者は全国で三十五名に達したという。新潟県内では死者こそ出なかったものの、新潟市で瞬間最大風速四十五メートルを記録し、倒れた樹木による家屋の倒壊など甚大な被害を残した。

湖山荘でも庭の木の枝が折れて飛んだり、ログハウスの窓の扉が壊れたり(窓ガラスは割れなかった!)、離れのそば屋の玄関の屋根がめくれ上がったりと各種の被害を受けたが、中でも予想外だったのは風にあおられたボートが空を飛んだことだった。

〝湖山荘〟が台風襲来前に念入りに栈橋《さんばし》に縛りつけておいたボートは、モーターボートも手漕ぎボートも何隻も転覆し風に飛ばされたが、そのうちの一隻の手漕ぎボートが約二百メートル離れた遊覧船の乗り場まで飛んで行き、湖畔の切符売り場の建物に窓ガラスを突き破って飛び込んだのだ。

「朝行ってあやまってきたよ。酒二本下げて行って、〝修理代払わせてもらいます〟って頭下げての。人間がおらんでよかったよ」

〝湖山荘〟は冷や汗をかいたという。

銀山平全体でも、被害は家屋の破損よりもボートの方が深刻だった。あちこちでボートが浸水したり転覆したりしたのである。

毎年九月下旬に行われるフィッシュ・ウオッチングと稚魚放流は〈育てる会〉最大の年間行事となっているが、今年も九月二十九日、五十名の会員が参加して行われた。

ただし、このフィッシュ・ウオッチングと稚魚放流は、例年、前日の前夜祭とセットになっている。ふだん交流の少ない会員どうしが、家族同伴で餅《もち》つきを楽しみ、一緒にバーベキューを囲み、数々の越後《えちご》銘酒を酌み交わしながら親交を深める機会、というわけだ。

けれども今年は、雨に降り込められたせいかさほど盛り上がらなかった。屋根があるだけの吹き抜けの施設で開催されたため、ジッとしていると足元から湿気と冷気が這《は》い上がってきた。コップの酒がいかに〝越乃寒梅《こしのかんばい》〟でも、コンクリートの床にしゃがんで談笑するのは勇気を要した。

翌二十九日は、しかし、幸いにも朝から晴れだった。久し振りの晴天である。

会員たちは午前八時半、まず石抱橋のたもとの開高健記念碑前に集合し、〈育てる会〉の生みの親で今回〝永久会長〟就任が決まった文学者を偲び、黙祷を捧げた。

この時僕が驚いたのは、安山岩の石碑や台座の窪んだ部分に早くも緑色の苔が生えていたことだった。建立後わずか二ヶ月で名実ともに歴史的建造物になったということか……。苔の生えた石碑は真新しい時よりもはるかに風格を備えていたが、故人は石になっても早熟でしかも老成を好むのかと思うと、何やらおかしくも不思議な気持ちがした。

それから一行は、乗用車とマイクロバスに分乗して北ノ又川の林道を走り、禁漁区内の最大の淵《ふち》である宮ノ淵へ向かった。流れがゆるやかにカーブを描き浅瀬もあって川原も広い宮ノ淵は、大勢の人間が川べりに立って水中を覗き込むには絶好の場所である。〈育てる会〉ではほぼ毎年のようにこの場所でフィッシュ・ウオッチングを行ってきた。ところが今年、魚影がなかった。

いや、体長七、八センチのちっぽけなイワナやヤマメなら、川原を縫って流れる小さな支流にいくらでもいるのだが、肝心の〝尺〟や六十センチを超す大物が本流の淵に見当たらないのだ。

北ノ又川の場合、イワナは八月下旬から十一月上旬にかけて交尾・産卵のために溯ってくる。ヤマメの降湖型のサクラマスは、イワナよりグッと数は少ないが、溯上は九月下旬から十月中旬にかけて。どちらにしても、この時期は両方の大型種が見られるはずなのだ。

僕は、二日前の台風のせいで川に異変が起きているに相違ないと思った。

「……いませんね」

「そうですね。今年はダメみたいですね」

しかし、そんな状態なのに感心したのは、東京や埼玉などからわざわざこのためにやってきたにもかかわらず、魚を見られなくとも、会員たちの多くに動ずる気配がないことだった。路傍の花を摘んだり、川原の石に腰掛けて深呼吸したりしている。非常に紳士的と言おうか。行儀がいい。

約一時間あまりそうして過ごしてから、〈育てる会〉の一行は放流を行うために、遊覧船乗り場近くの湖畔へと移動した。

今年はイワナの稚魚二万尾の予定だった。養殖業者が水槽付きトラックで運んできた養殖イワナの稚魚は、フィッシングハウス村杉前で一部がビニール袋

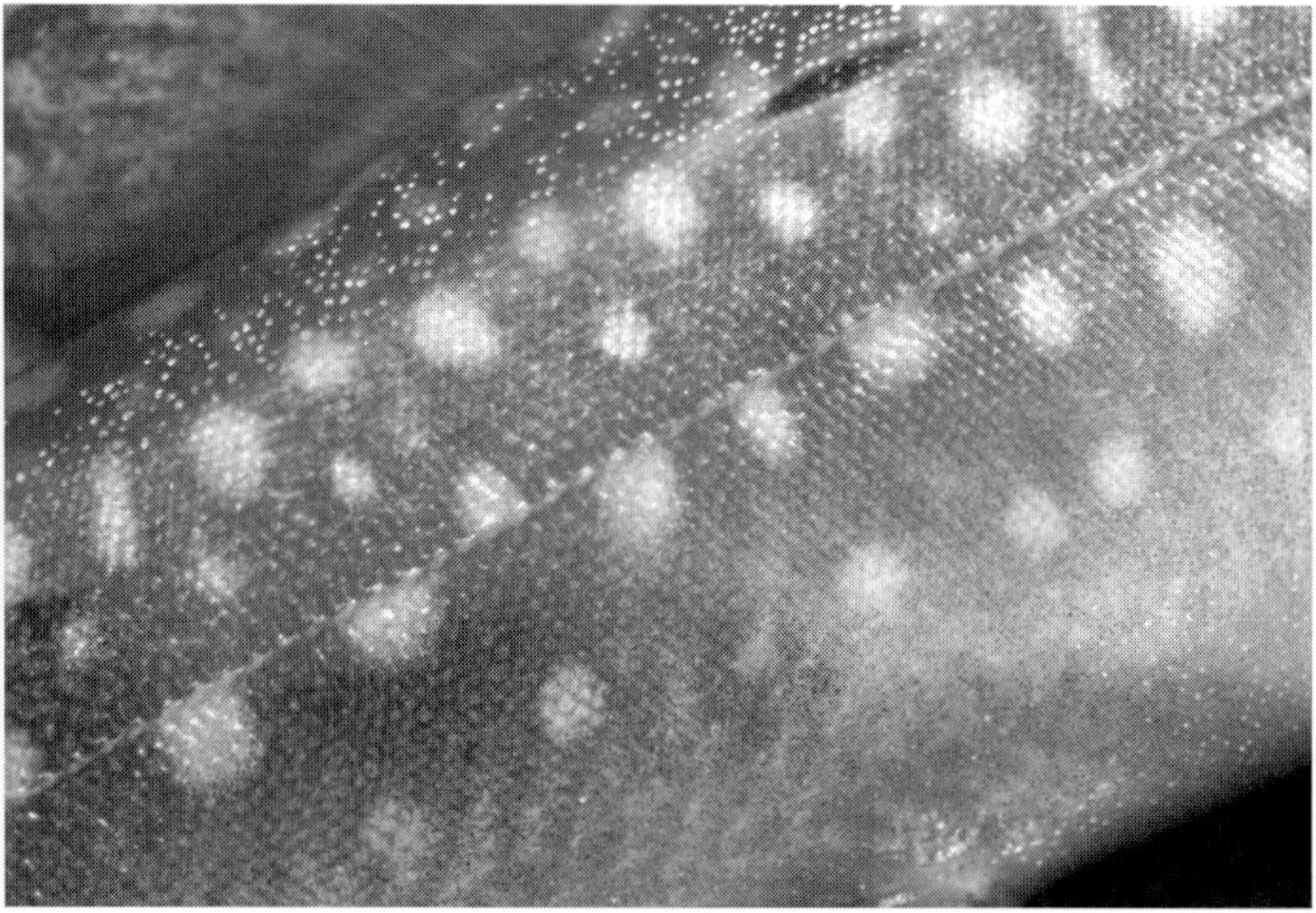

イワナはやっぱり渓流魚の王様。自然美の一つの極致

「育てる会」も今年で発足17年。当初34名の会員が現在では約650名に(写真は1985年)

に区分けされた。中荒沢《なかあらさわ》や中ノ岐《なかまた》川に放流する分だった。これらは例年どおり、地元長岡技術科学大学の有志学生らが容器に入れて背負い源流に担ぎ上げて、放流するのである。

稚魚の定期的な放流は、北ノ又川禁漁区の密漁《みつりょう》監視活動と並び〈育てる会〉会員の〝意志〟を示す重要な活動だった。〈育てる会〉は創立直後の昭和五十一年(一九七六年)から毎年秋にイワナもしくはヤマメ、あるいはイワナ・ヤマメの餌となるワカサギを銀山湖とその周囲の沢に放流してきた。会員たちが出し合った金で購入した稚魚を、会員たちが放流地点まで運び、会員たちの手で放流してきたのである。釣り師と言えば「釣れるだけ釣って後に残すのはゴミばかり」というのが定説だっただけに、釣り師が中心の会が行うこうした活動は、内外の関係者に強い影響を与えた。

今回も出席している川崎市の斎藤登は、放流の時に釣り師として揺れ動く気持ちを、かつて会報に記したことがある。

誘惑はありますよ、たくさん獲《と》りたいという。いとおしいですし美しいですもの。でも、我慢するんですよ。また会えるように。でないと、渓《たに》が死にますから。（『奥只見の魚を育てる会』会報No.4、一九八六）

その斎藤は、放流作業を淡々と手伝っていた。水槽付きトラックを湖の波打ち際まで誘導し、イワナを満たしたバケツを係員から受け取り、小さなバケツに分けて会員に手渡す。

「ひやーッ、気持ちいい、この感触！　イワナ触ったことない子、触ってごらん」

常見の妻の初枝がイワナの稚魚が群游するバケツの一つに両手を差し入れて言った。

会員の子供たちが集まってきて初枝の真似をした。思わず手を引っ込める子、「おーッ」と叫んで肘《ひじ》まで入れる子、手で掴もうと躍起になる子、さまざまである。

僕もやってみた。黒褐色のヌルヌルした稚魚が激しく動き回っていて、ひっきりなしに手の皮膚にぶつかってくる。見た目は気色悪いが、魚の数と動きの割には刺激が稚魚らしくささやかなので、自然と頬が緩んでくる。

「さァ、魚放していいよ」

「バケツごとでも、手でも、どっちでも」

常見や斎藤など古株の会員たちに言われ、そこここで放流が始まった。ズボンの裾をまくり上げた会員が湖に歩み入り、バケツを傾けると、全長七、八センチの稚魚はワッとばかり飛び出してゆく。浅瀬の水は澄んでいるので、水に入ったとたん、体側《たいそく》にサケの仲間であることを示すパーマークが、一尾一尾鮮やかに浮き出る。

放流直後、怯《おび》えたように一団となって右往左往していた稚魚イワナは、やがてそこが安住の地と悟るのか、それぞれ思い思いの方角へと泳ぎ去って行った。大半はなだらかな斜面に沿って奥へ、つまり灰緑色に煙る沖の深みへと散ってゆくが、中には陸の方に突進してしまい浅瀬で子供たちの恰好の遊び相手と化すものもある。それに、放流後すぐに白い腹を水面に向け絶命してしまう弱い個体も……。

〝教育長〟が腕組みしてそれを眺めていた。

「また何か、ひらめきました?」

「うん、いや、放流資金が潤沢《じゅんたく》になったからって、放流だけやってていいのかと

稚魚放流は「育てる会」恒例のイベント

思ってね。他に使い途のないもんかと……」

湯之谷村きってのアイデアマンは難しい顔つきを崩さない。

〈育てる会〉の放流用の資金は、二年前までは会員の支払う会費や寄付の一部をあてていた。そのためしばしば資金不足となり、臨時会費を募ったこともある。ところが二年前からはその心配がなくなった。湯之谷村のふるさと創成資金一億円のうち二千万円が放流助成金として〈育てる会〉に支給されたからだ。〈育てる会〉はこれを奥只見湖放流基金とし、そこに〈でんぱつ〉からの三千万円と、銀山湖対岸の福島県檜枝岐《ひのえまた》村からの五百万円が加わって、五千五百万円という巨額の積立金となった。〈育てる会〉恒例の秋期の稚魚放流は、この利息を運用して行われるようになったわけである。

「単に定期的に放流するんではなくて」

〝教育長〟は言葉を選んだ。

「どんな大きさのどんな魚を、成育に一番いい時期に、どういう形で放流したらもっとも効率的か。そういうことをじっくり調査・研究するために放流費使ってもいいんだ」

アルコール依存症を克服した六十一歳の精力的な官吏の脳裏には、次に挑むべき対象の影が絶えず明滅しているようだ。

放流を終えた会員たちは手持ちぶさたなのか、湖面に小石を投げ始めた。水を切った石が幾度も湖面を跳ねる。自然に帰った若いイワナを追って行くようだった。

その向こうに水に浮いた遊覧船の桟橋が見え、たくさんの観光客が乗船を待っていた。中の一人、一番端の男性客が不意にシャボン玉を吹き始めた。離れたところから見ると、人間の体から排出されるにしては美しすぎる分泌物のように思える。一部が早くも退色し始めた広葉樹林を背景に、非現実的なバブルは次々に湖上に漂い流れ、いきなり消えた。

「はい、じゃあ、記念写真を撮りましょう」

常務理事の斎藤が大声で告げた。

## 今日はブタ箱に一泊だ

それは、フィッシングハウス村杉で〝村杉〟親子とお茶を飲んでいる時だった。

「今年は、そうね、大釣りした客は少なかったんでねェか。銀山湖の水温が高かったし、ニジマスも分布が広がりすぎてたから。資源的にはイワナもサクラマスも安定してて、減る傾向は見えなかったんだがの」

〝村杉〟がそう言って足を組み直し机の上に湯呑み茶碗を置いた時、声が聞こえた。

「密漁が捕まったぞ！　たった今捕まえた！」

窓の下で男の声が叫んでいた。

「邦雄だな」

〝村杉〟がゆっくりと腰を上げた。

五分後、僕と写真家と〝村杉〟は、銀山平を触れ歩いていた伝之助小屋の邦雄と共に、石抱橋のたもとの監視小屋にきていた。開高健記念碑のすぐ脇の建物である。小屋の前に群馬ナンバーのライトバンが一台停車していた。

階段を上がって二階奥の六畳間に入ると、二人の男が正座して頭を垂れ、それを地元の三人の男たちが取り囲んでいた。

「何匹獲ったの？」

写真家が監視人の佐藤五郎に聞いた。

「イワナが十本でニジマスが一本。イワナ四本はでこいな、四十センチ以上ある」

「ヤス？　網？」

「餌釣りだ。入漁券も買ってねェけど」

二人とも前橋市の会社員だと言う。

我々四人も密漁者たちを囲む輪の中に加わったが、腰を下ろすやいなや、〝村杉〟は二人の男たちを睨みつけた。

「しようがねェな群馬の人は、密漁者が多くて」

ふだん温厚な〝村杉〟にしては珍しく感情を露《あらわ》にした声だった。〝村杉〟に限らず、その場に集まった全員の表情がいつもよりずっと険しかった。みんな本気で怒っているのだ。

密漁者の二人、二十六歳の小太りの男と三十三歳のパンチパーマは、周囲の視線に気圧《けお》されたようにかしこまっていた。

五郎が〝事件〟の概略を説明した。

午後三時半頃、五郎は宮ノ淵手前の林道で二人連れの男に行き合い、声をかけた。何をしているのか尋ねるとキノコ狩りだと言う。なるほど、二人とも山歩きの服装で、一人の男が手に下げた透明のビニール袋には少量のキノコが入っていた。しかし五郎は怪しいと思った。もう一人の若い男が、重そうな黒いビニール袋を担いでいたのだ。五郎は、午前中の巡回で禁漁区に人の入った形跡があったため探索したが見つからず、午後改めて密漁者捜しを開始したところだった。

「袋の中を見せてくれ」と五郎は言った。二人は拒否した。五郎が禁漁区監視員の腕章を見せても言《げん》を左右にして渋る。押し問答を続けるうち、黒ビニール袋の裂け目からチラッと網の目が覗いた。「あんたら、キノコ採るのにタモ網使うのか！」、男たちは不承不承《ふしょうぶしょう》ビニール袋を開けた。中から出てきたのは、長靴、タモ網、折り畳み式釣り竿、釣り針、餌、そして禁漁区北ノ又川の特大イワナ……。

五郎はすぐに携帯無線機で伝之助小屋の邦雄に連絡を取ったのである。

頷きながら聞いていた邦雄は、五郎がまだ警察に通報してないことを知ると、

「俺がかける」

と電話に手を伸ばした。

「えッ、警察ですか?」

「あの、それだけは……。知らなかったんですよ」

二人の男は「警察」の一言で腰を浮かせた。

「馬鹿野郎! そこら中に看板出てるじゃねェか、知らなかったじゃすまねェよ!」

邦雄は受話器を握ったまま怒鳴りつけた。

確かに、北ノ又川流域一帯が禁漁区だという表示板はいたるところに設けられていた。今回の二人が車を停めていた林道入り口にも、〝終年全魚種採捕禁止〟とあり、〝違反者は六ヶ月以下の懲役または十万円以下の罰金〟となることが〝県、小出《こいで》警察署〟の名でハッキリ掲げられている。禁漁区での違反行為は思いのほかに罪が重いのである。

「あー、もしもし、小出警察かね。密漁者二人ばっかり捕まえたんだけどの、すぐこっちきてくれんか……」

目の前で行われている通報に、密漁者たちはお互いの顔を見詰め合った。顔色が蒼ざめていた。パンチパーマはつい今しがたタバコを揉み消したばかりなのにまた一本くわえ、小太りの男は何杯目かの冷水を所望《しょもう》する。

二人を取り囲んでいた男たちは口々に言った。「新聞に出るかもしれない」「おそらく出るだろう」「それで退職させられた学校の先生もいた」「どこの会社でも、逮捕されて新聞に名前が出ればクビだ」「本人は軽い気持ちだったんだろうが、可哀想に」「家族もな」……。心理効果は抜群だった。暑くもないのにパンチパーマはしきりに汗を拭う。

決定打は邦雄の一言だった。受話器を置くと二人の男に向かって言い放ったのである。

「今日はお前ら、泊まりになるろ」

「と、泊まり?」

「ああ、小出警察署に一泊だ。帰れねェ」

それを聞いた二人の動揺ぶりといったらなかった。「家に電話しなきゃ」と手帳を取り出したものの、指先が震えてページがめくれない。

写真家と〝村杉〟は顔を見合わせてニヤッと笑った。もう充分だと思ったのか、薬が効きすぎたと思ったのか、少し慰めに回る。

「でも、まァ、ヤスや網を使わんかっただけでも、悪質じゃやねェわな」

「夜中にやる奴はもっとこっそり獲る」

「昼間やって堂々と帰れると思ってるんだから、可愛いと言おうか、幼稚と言おうか。捕まった時も抵抗してねェようだし」

「冗談じゃないよ、抵抗なんかする奴なら寄ってたかってボコボコにしちゃうよ」

まさに上げたり下げたり。久びさの密猟者発見、今年最初の警察渡しということで、地元組もいささか興奮している様子だった。

僕は監視人の五郎に言って、押収したイワナというのを見せてもらうことにした。

例の黒いビニール袋というのは玄関の三和土《たたき》に置いてあった。五郎が表のコンクリート床の上に持ち出して中の魚を並べる。

確かにイワナ四尾は大型で、測ってみると、最大のものは全長四十三センチあった。よく太っているのは産卵期だからに違いない。残り六尾が二十七センチから三十センチの中型イワナ、そして一尾が全長三十センチ強のニジマスである。生《い》き餌《え》で釣り上げたものばかりなので体に傷は見当たらなかったが、イワナ数尾は時間が経っているせいか白っぽく変色していた。

「……もったいねェの、産卵する前に死んじまってよ」

五郎がイワナの腹部に手をやって言った。

四十センチ級の雌イワナなら一尾が千数百粒の卵を持っているはずだった。成魚になるのがそのうち二パーセント前後とすると、二十尾から三十尾は親になったはず。今回犠牲になったイワナ全体では……。それを思うと無念なのだろう、五郎は沈黙した。

今年が監視員生活五年目の六十六歳の五郎に関しては、「仕事熱心だけど、性格が大人しくて優しい」というのがもっぱらの評判だった。毎年三、四人の密漁者を捕まえてはいるが、件数が多くない。それでつい、〝監視の鬼〟だった前任者と比較されるのだ。

八十歳で急死するその日まで監視業務を続けたという〝富永のジッちゃん〟こと前任の富永信次のことは、僕もさまざまなエピソードを折あるごとに聞かされていた。

富永が北ノ又川禁漁区の初代監視員になったのは昭和五十二年(一九七七年)、富永が七十一歳の時だったが、色浅黒く小柄で精悍、長く営林署勤めをしていたおかげで銀山平の地形を知り尽くしており、山中でも川原でも疾風《はやて》のように駆け巡ることができたという。どんなに山歩きをしても息が切れない、汗をかかない。おまけに職務に忠実で激しい情熱を持っていた。

富永といえば誰もが思い出すのは、禁漁区内の随所に設置されていた各種の富永式密漁監視装置だった。密漁者が通りそうな山道に、砂を撒いておいたり、細工した草や木の枝をセットしたり、ピアノ線を張り巡らせたりと、知恵を絞った。そしてライトと鏡を利用して、密漁者の侵入が光の信号となって監視小屋の自分の寝床まで届くよう工夫し、夜中でも飛び起きて密漁者を追ったのである。

初期の頃は禁漁区の概念が理解されず、ほぼ連日のように密漁があった。北ノ又川で長年娯楽としての漁《りょう》を続けてきた地元民が通告を無視して押しかけてきたからだ。密漁者の中には地元の公務員やヤクザ、漁協の組合員さえ含まれていた。密漁者を捕らえた後、獲物を没収し、これらの人々に禁漁区の意義を周知徹底させる困難な役目も富永は担った。ヤスを振り回して暴れたり酒に酔って反抗する者には、銀山平の住民の応援を頼み、住民総がかりで当たって警察に突き出した。

こうした監視業務で富永が得ていた報酬は、〈育てる会〉の会費から支給された年間三十万円のみ。金のための仕事ではなかった。

富水が大動脈瘤《りゅう》破裂で急逝した時、会長開高健は〝感謝〟と題し一文を寄せている。

……こういう会のつねとして、特に裏から黙々と会を支えてきた数名の男たちがいたかと思われる。富永信次さんが、そのような人物の一人、それも特筆大書すべき一人であることを、私は知っていた。（『奥只見の魚を育てる会会報No.3、一九八五）

前任の監視員・富永信次。"禁漁区のターザン"が残した業績は、本一冊でもとても無理。

五郎の前任者〝富永のジッちゃん〟は立派な人物だった。しかし、だからといって五郎が劣っているわけではない。富永の死後二年間、後任監視員のなり手が一人もなかったことでもそれはわかる。富永は特別だったのだ。

現在は草創期と事情が違っていた。密漁者の数は激減し、地元民で密漁に走る者はもうほとんどいない。監視小屋も新築され、監視員には魚沼《うおぬま》漁協が給料を払うようになった。禁漁区の存在が広く一般に認知されてきたのである。

「最近は県外からの確信犯が多いのォ」

五郎がこちらを見上げて言った。

「女連れできて、女に見張り役をさせるとか、見つかっても山の中へ隠れちまって、こっちが姿消すまで半日も出てこねェとか。数は少ねェんだがタチが悪い」

言いながら五郎は魚を片付け始めた。

午後四時四十五分、一台の車がやってきて制服姿の二人の警官が降り立った。

自然が巧まずして綾なす景観には、毎回、脱帽

秋、ブナの実が豊作だと山の動物たちは無事に冬を越せる

ハナウドも生命を全うしようと懸命だった

ススキは“秋”のシグナル。朝、オオアブラススキの葉に目が留まった

紅葉真っ盛り、銀山平は別世界

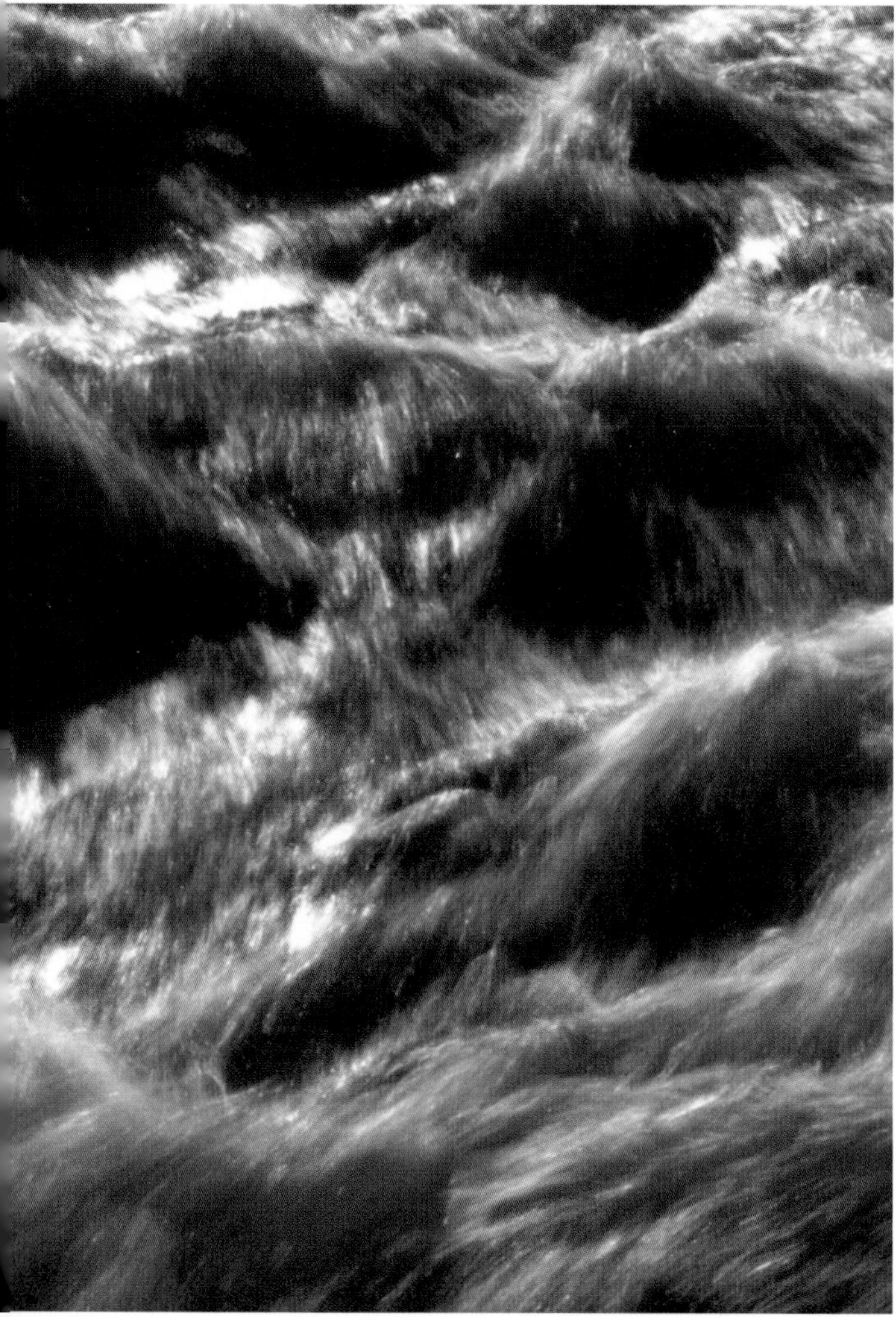

台風で増水した流れ(北ノ又川)。イワナやヤマメのことが気にかかる

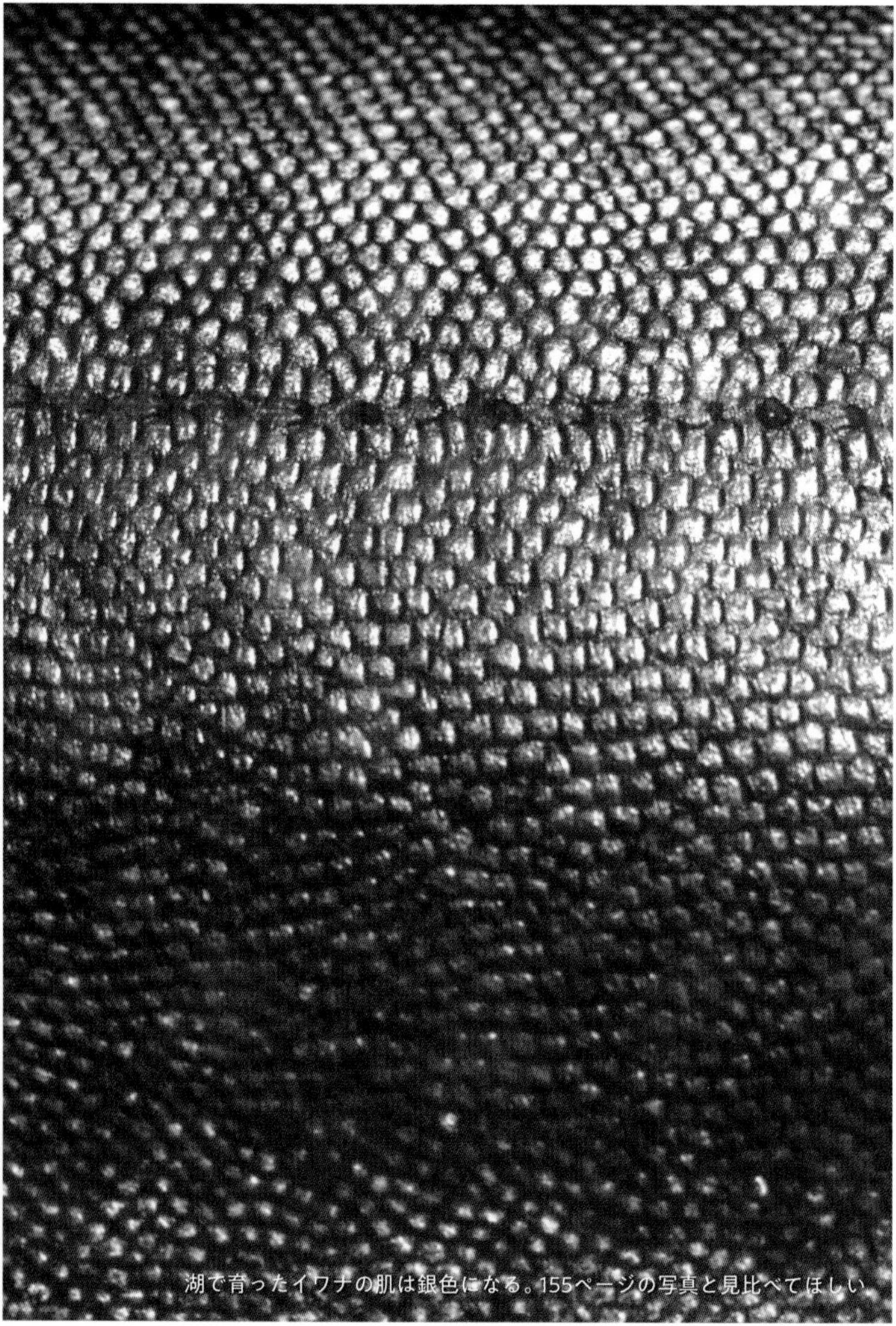
湖で育ったイワナの肌は銀色になる。155ページの写真と見比べてほしい

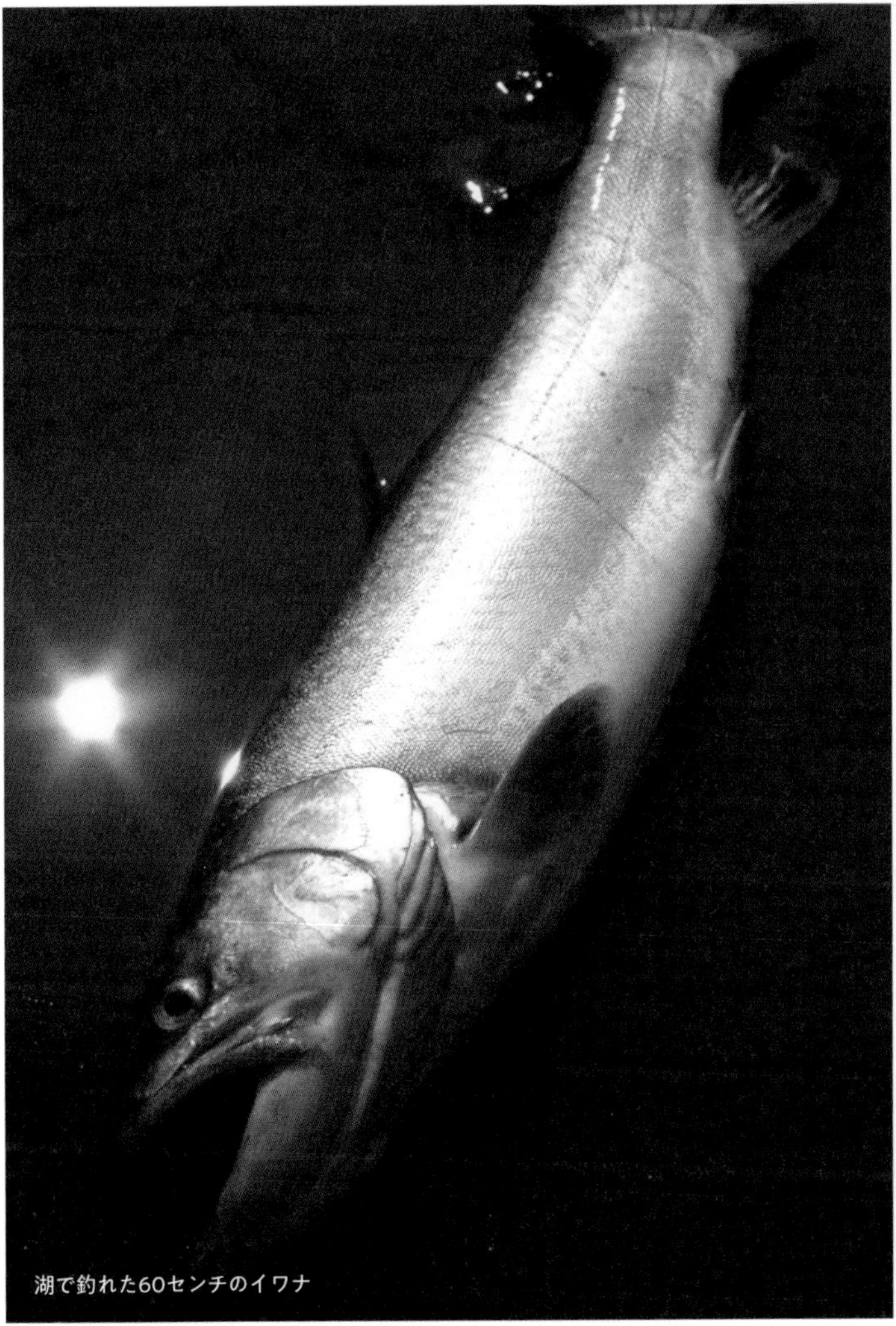
湖で釣れた60センチのイワナ

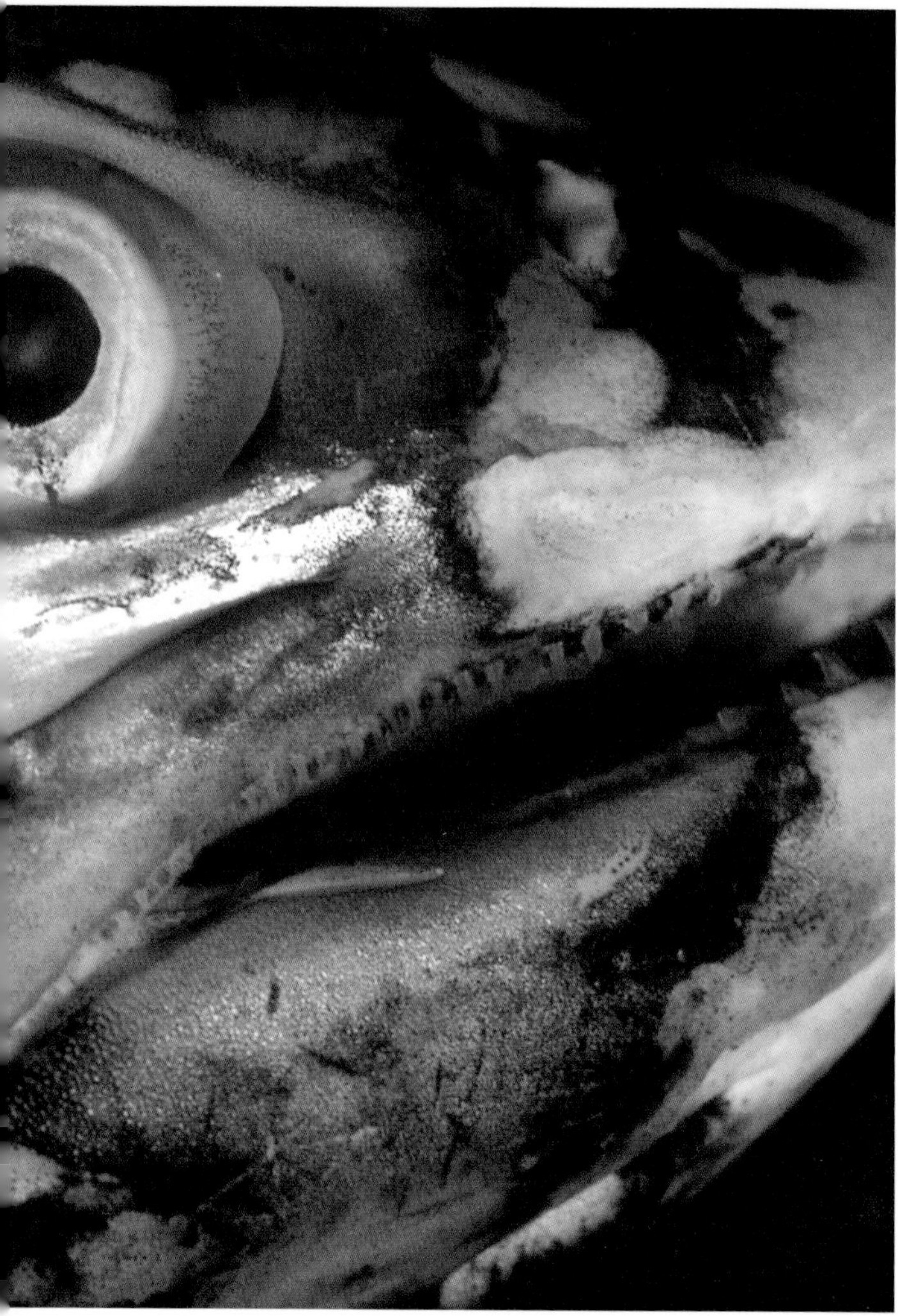

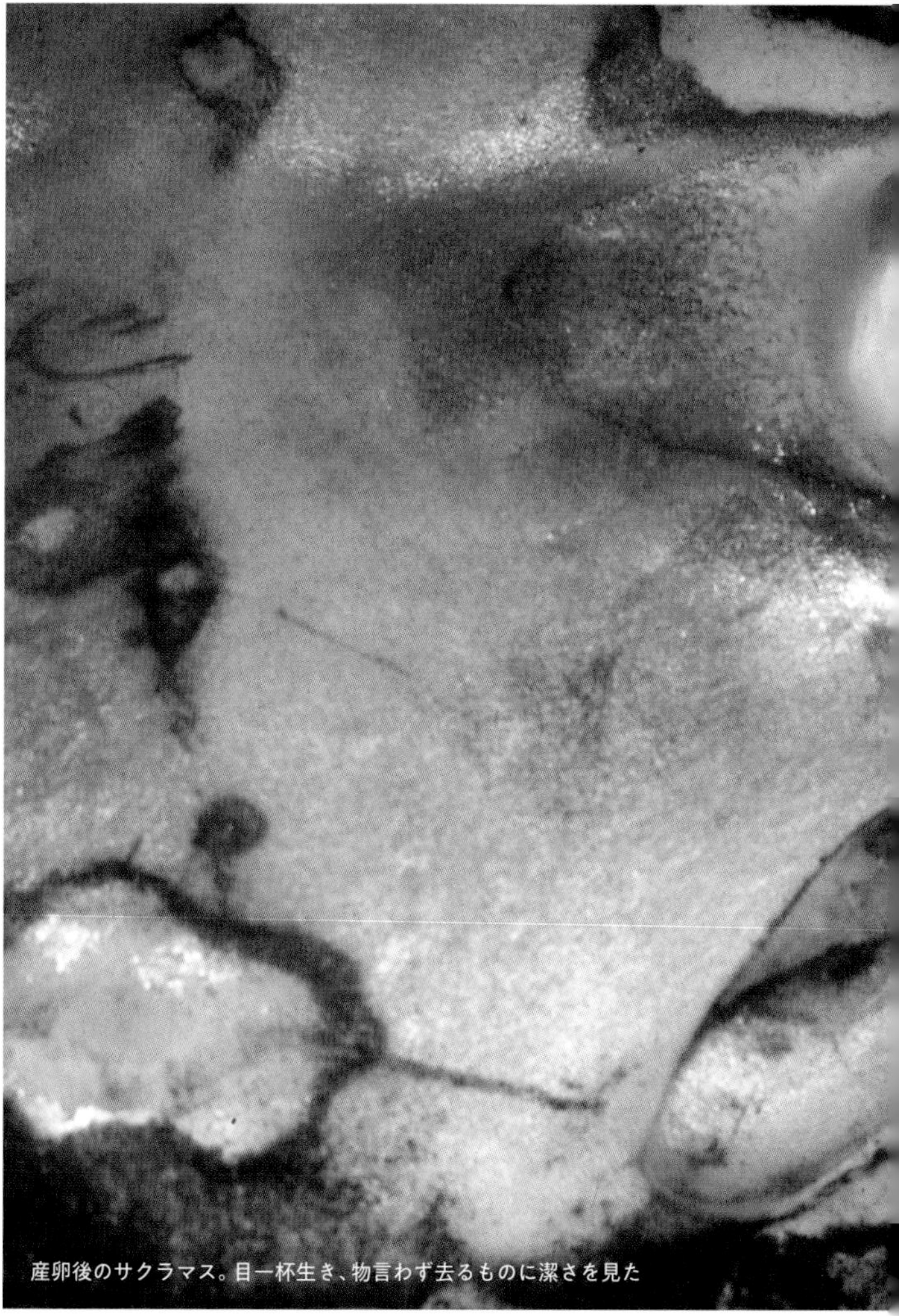
産卵後のサクラマス。目一杯生き、物言わず去るものに潔さを見た

11月の銀山平。いよいよ冬が始まる

雨を待つ猿ヶ城魚止めのイワナたち

# 第六章 再び巡る季節

禁漁区(北ノ又川)の秋。遠く越後三山の一つ、駒ヶ岳が望めた

## あんな鳥がいるなんて……

「昼前に舞ってることが多いんですよ。高度二千から三千メートルあたりを輪を描くように飛ぶんです。トビとは尾の形が違ってて、長くて先端が円い。飛んでる時に両翼の先がそり上がってるのも違いますね」

空を見上げ、池田修は熱愛して止まない〝孤高の鷲〟イヌワシについて語った。〈育てる会〉会員で新潟県野鳥愛護会の会員、日本イヌワシ研究会のメンバーでもある池田とは銀山平《ぎんざんだいら》にくるたびに会っていた。しかし池田は始めて間もない本業の制御盤組み立て業が忙しく、会えるのはたいてい夜間の湖山荘《こざんそう》か小出《こいで》町《まち》内の仕事場だった。一度銀山平の自然の中で、豊富な観察に裏打ちされた野鳥に関する解説をゆっくり聞きたいと願っていた僕にとって、ようやくの実現である。

大空を輪を描いて舞う大型の野鳥なら、僕は二月の丸山スキー場の頂上で一羽見かけたことがあった。標高千二百四十二メートルの頂上よりずっと高いところを、さらに上へ上へと飛翔しており、八倍の双眼鏡では追いきれず、イヌワシなのかトビなのかついにわからなかった。が、池田によれば、イヌワシの可能性は大いにあると言う。

「イヌワシは一九九〇年の時点で全国に百十八番、約三百羽います。このうち新潟県がもっとも多くて約一割、確認されてるのが十六番《つがい》、予想では四十番くらい。これらは南北の魚沼《うおぬま》郡の山岳地帯に集中し、奥只見《おくただみ》山系にも数番いますから、そのうちの一羽かもしれません」

池田は、奥只見山系の確認されたイヌワシ棲息地については、むろん知っていた。けれども、具体的な場所は公表できないと言う。無謀な素人カメラマンが殺到するからだ。

「ここでも見られますかね?」

我々は北《きた》ノ又《また》川の中流域にいた。僕と池田は渓流を見下ろす林の中に腰を下ろしていて、写真家は小さな淵《ふち》にウエットスーツ姿で潜り写真を撮っていた。

「運がよければ見られますよ。でも、一日待って、一瞬見られれば幸運ですけど」

一人息子を〝翼〟と命名した三十三歳のエンジニアは、こともなげに言う。

あたりの渓谷はすっかり秋景色だった。いや、むしろ晩秋に近い。麓《ふもと》の宇津《うつ》野《の》では稲刈りは済んだもののまだ樹木が色づくには早く、紅葉直前という感じだったが、銀山湖を囲む山々はとうに紅葉の盛りを過ぎていた。斜面の木々は尾根に近づくにつれて葉が疎《まば》らになり、陽光の具合によっては冬山の荒寥《こうりょう》を見せ始めている。我々のすぐ近くのススキも穂が枯れて巻き上がっていた。夏の間あれほど旺盛だったフキも、今は茶褐色の穴だらけの葉でボロボロだった。十月二十九日、あと十日ほどで銀山平の人々は山を下りるのである。

背後の藪で舌打ちのような声がした。

「ウグイスですね」

一声聞いて池田が言った。

「ウグイスの地鳴きはチャッと一声が多いんです。よく似た声にミソサザイがいます」

僕がそっと振り返り藪の中を窺《うかが》うと、薄暗い杉林の下の朽ち木から朽ち木へ、素早く飛び移ってゆく地味な緑色の体が見えた。

僕はノートに「ウグイス」と記した。ホオジロ、ジョウビタキ、ヒガラ、コガラ、シジュウカラ、ゴジュウカラ、ベニマシコ、トビ、エナガ、キジバト、カワガラス、コゲラ、ホシガラス、カワアイサ、ウグイス。わずか二時間足らずのうちに、あっという間に十五種類である。もちろん僕が姿を見たのはこのうち五種類にも満たないが、池田がこの日存在を確認した野鳥はウグイスで十五種目だった。さすがと感心すると同時に、春や夏にも池田と一緒に山歩きができていればと悔やまれた。

「それにしても、カワアイサはよかったですね。あんなところにあんな鳥がいるなんて……。一年通って初めての体験ですよ」

僕は一時間ほど前、宮ノ淵の少し上流で目にした六羽の水鳥のことを思い出した。「この辺は確かヤマセミがいるはず」と言われ、双眼鏡で丹念に川べりを探っていた時、いきなり視界に飛び込んできたのだ。流れ込みの近くに白と黒の斬新な模様の、カモのようなサギのような、見たこともない大型の水鳥が群れて浮かんでいた。赤い鮮やかな嘴《くちばし》を振るってさかんに水に潜る。池田がカワアイサだと教えてくれた。頭の黒っぽいのが雄で黄色っぽいのが雌、冬期にやってくる渡り鳥で、特に珍しいわけではない、とも。

「山は里に比べると種類も数も少ないですけどね。それでも、銀山湖には時折オシドリがきますし、マガモ、コガモ、カルガモなどは周辺の渓流でも姿を見られますよ」

そのどれも僕は見たことがなかった。銀山平に春夏秋冬通ったといっても、通算すればほんの短期間のこと、知らないことは当然たくさんあった。もっとも、だからこそこの小さな山里の自然と人間の関わり・営みを大きなものと感じ、惹《ひ》きつけられもするのだが。

午前十一時すぎになって、ようやく写真家が水中撮影を終えて岸辺に上がってきた。ウエットスーツからは大量の水が滴《したた》り、鼻も頬も両手も腫れたように赤くなっていた。

「やっぱり冷たいですか?」

僕は双眼鏡を下ろして声をかけた。

「うー寒い! 水温八度ぐらいじゃない?」

唇が蒼白く変色した写真家に、池田が立ち上がってタオルを手渡す。

「魚はいました?」

「岩の下に三匹いたよ。雌一匹と雄二匹。三十センチと六十センチぐらいのがペアになってた。まだ産卵までいかないけどね。十五センチ以下のヤマメやイワナはそれこそグチャグチャ、いっぱいいるよ」

ゴシゴシと顔を拭いながら言う。

我々は、写真家が着替えるのを待って、さらに上流に行ってみることにした。猿ヶ城手前の岩魚《いわな》沢。一年ぶりのイワナの産卵・放精を、一年前と同じ場所で見てみようというのだった。

## 山仕事は自分の力でせんと

〝甚右衛門《じんえもん》〟こと星幸一は銀山平でただ一人、炭を焼きゼンマイを採って生計を立てていた。いわば、昔ながらの山里の暮らしを続けている唯一の人物だった。

ただし、宇津野地区の人ではない。同じ湯之谷《ゆのたに》村ではあるが少し離れた上折《かみおり》

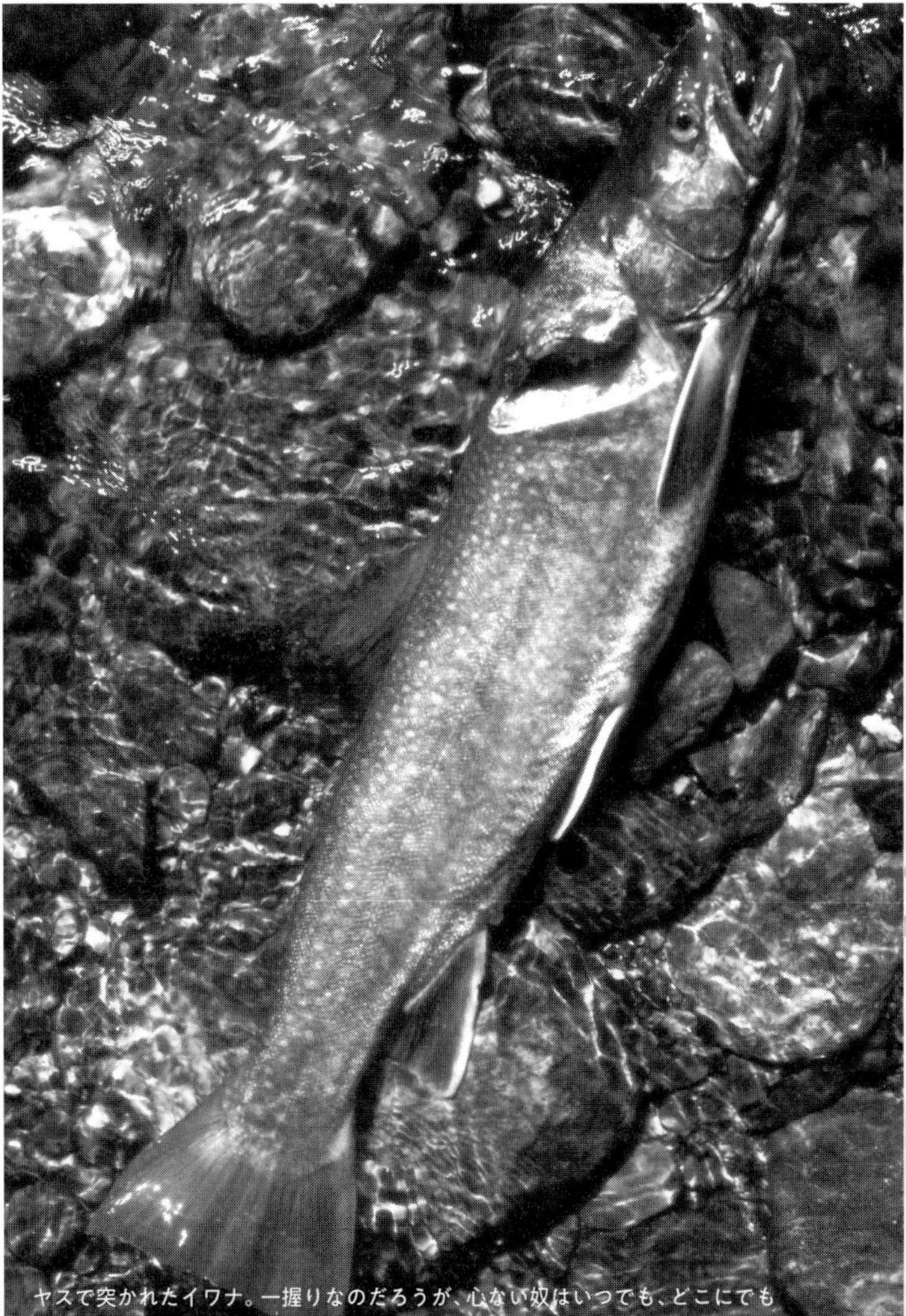
ヤスで突かれたイワナ。一握りなのだろうが、心ない奴はいつでも、どこにでも

立《たて》地区の住人で、宇津野五十八人衆の共有地の権利を一人分買って約十年前から銀山平に炭焼き窯《がま》を構えるようになったのだ。従って、炭焼きやゼンマイ加工の作業が忙しい時期は小屋に寝泊まりするが、ふだんは麓《ふもと》の自宅から車で通ってきており、小屋に住んでいるわけではなかった。

その意味では、〝湖山荘〟や〝村杉〟と同列には論じられないのだが、ある晩、〝湖山荘〟と共に小屋を訪ねてみた。「なかなかユニークなジッちゃん」と聞いていたからだ。

囲炉裏《いろり》のある六畳の間に招き入れてくれた〝甚右衛門《じんえもん》〟は、六十八歳という年齢の割には顔つきも動作も若々しかった。職人刈りに短く刈った頭髪に口髭をたくわえた顔は、よく日焼けして艶やか、体格も筋肉質でガッシリと引き締まっていた。

「ん、あれか？　ここを茶室にしようと思っての。茶道具はあるんだ、ちょっと待て」

〝甚右衛門〟は障子を開け、物置ふうの暗い次の間で捜し物を始めた。

六畳間の片隅にやけに大きな製作中の床の間がある。おそらく茶室のイメージがまだ定まらないのだろう、床の間の壁はベニヤ板のまま、床の間の上にはコーヒー缶が一個置かれ、薄桃色の野菊が一本投げ入れてあった。

なるほど、感性はユニークな人物である。

〝甚右衛門〟は持ってきた茶道具一式を大切そうに傍《かたわ》らに置くと、囲炉裏にヤカンをかけた。

「今、窯の火は止めてあるんだわ。一週間もしたらひと窯くらい焚くかもしれんが」

炭焼き業ではブナを主体とした雑木で年間二百俵を生産するというが、残念なことにここしばらくは休止中だった。十月いっぱいはキノコのシーズン、それも今が最盛期なのだ。

ナメコ、マイタケ、シッツォ（ブナハリタケ）、アマンダレ（ナラタケ、ナラタケモドキ）、カタハ（スギヒラタケ）、ネズミタケ（ホウキタケ）……、大半が山へ分け入って採ってくる。ただマイタケだけは栽培ものでも値がいいので、〝甚右衛門〟も栽培していた。手ごろな長さに切ったナラの原木をゼンマイ用の大釜で煮て、種を植え付けて土中に埋めておくのである。今シーズンはすでに一キロ以上のものを五個収穫したという。

「マイタケ栽培はもっと大規模にやりゃあ補助金が付くに、やらんだか？」

〝湖山荘〟が尋ねた。

「やらん。補助金だら何だらもらうと、規制や管理で口出してくるろ。用のない物まで買わされての。おら、そういうのは好かん」

「ま、制度自体はいいけどの、運用面ではいろいろ問題はあるの」

「山の仕事は何だってそうだて。自分の力をもっと大事にせんとダメだ。誰も彼も口開けば〝組織だ〟〝制度だ〟、そればっかり。組織なんてお前、油断も隙もねェもんだぞ」

炭火でヤカンが沸騰するまでジッと腕組みしたまま待っている〝甚右衛門〟は、相当に一徹だった。これまで、林業の伐採作業で家族を養ったこともあれば、イワナやヤマメ釣りを専業にしたこともある、ウサギやムジナの狩猟をもっぱらとしたこともあった。山の中で自分の才覚だけを頼りに生き抜いてきたという自負《じふ》が強く感じられた。

その〝甚右衛門〟の現在の主要な収入源となると。やはり木炭ではなく干しゼンマイだった。

「なんぼ作る？」

「干したので年に六十貫」

「ほォ、たいしたもんだ」

〝湖山荘〟によれば最近の干しゼンマイ作りは平均すると一戸当たり二十貫から三十貫。卸値《おろしね》は貫三万円から四万円とされるから、四万円なら二百四十万円の収入となる。

「そりゃお前、その時期は一家総出でやるもの。せがれも会社休ませて働かせるし、孫にも〝よく覚えとけ〟って手伝わせるぞ」

〝甚右衛門〟夫婦は長男の家族と同居していた。孫が三人いるので一家七人。四十二歳の長男は建設会社に勤務する会社員だが、ゼンマイのシーズンには二ヶ月近く会社を休ませて一緒に働く。

「強ェの。まだ現役の家長だのォ」

「おゥよ。家長たる者、一家を統括していかんばなんねェからのォ」

〝甚右衛門〟は胡座《あぐら》をかいたまま抹茶を点《た》て始めた。茶杓に三杯も粉を入れ、茶《ちゃ》筅《せん》で精力的に掻き回す。〝湖山荘〟が「濃すぎるんでねェか」と口を挟んでも意に介さない。

それから我々は、非常に濃いお茶を口に含みながら〝甚右衛門〟の持論に耳傾けた。

「今の人間は長男も次男も同じだって言うけども、とんでもねェことだ。長男・長女ってものは絶対的責任というものがある。惣領に権限があるのは責任を果たすからだぜ、そうだろ？　おら、ゼンマイの販路も自分で開拓した。北は村上から南は佐久《さく》まで、何年もかけて旅館や料亭を歩き回って〝ウチのゼンマイ使ってみてくれ、品物はどこにも負けねェ〟って頭下げてよ。楽じゃなかったぜ。今じゃ関西や東京でもおらとこのゼンマイ使ってるが、それもこれも惣領としての責任感が土台にあるわけだ。おらたちは僻地《へきち》の山村に代々生きてきた定着民族、流動民族の関東のサラリーマン階級の人とは違うんだ。定着民族は定着民族らしく、これから二千年でも三千年でも家を存続させていかんばなんねェ。そのためには惣領を立て、家長を中心に一家団結してやっていくのが一番だて」

家長絶対主義とは、星家三千年の存続を図る深遠な哲学でもある（？）。

「どうだ、もう一杯？」

「いや、けっこう」

〝湖山荘〟は遠慮したが僕はもう少し話を聞きたくて二杯目を所望《しょもう》した。

〝甚右衛門〟は、いずれ息子に家督を譲ったら、茶室に改造したここに時折やってきてお茶を飲み、漢詩を作って暮らしたいと言った。漢詩に興味を持つようになったのは、陸軍上等兵時代、中国派遣軍の一員として昭和十九年（一九四四年）の大陸打通《だつう》作戦に参加したからだ。

「山の中で自然相手に生きてくのは、そりゃ生命がけのこともいっぱいあったども、なァに戦争の地上戦に比べればお前、湖南省衡陽《こうよう》の攻防戦は地獄みたいだったぜ。……平和はありがてェよ。日本民族の平和を祈願する漢詩をの、隠居したら作りてェんだ」

〝甚右衛門〟はそう言って、自分で点てた濃い茶を一息に飲み干した。

尋常小学校を出て以来、三年間の軍隊生活を除いてずっと奥只見で山仕事に従事してきた頑健な老人の、それが目下の〝夢〟のようだった。

## 雪国の〝冬構え〟

道路脇のススキの原をやや肌寒さを感じさせる風が吹きわたっていた。

カマボコ型トタン屋根の艇庫《ていこ》の前で伝之助小屋の邦雄の姿を見かけた。艇庫にボートを仕舞い込む前に破損した船底部を修理しているのである。FRP（強化プラスチック）製のボートは、湖の岩場や流木とぶつかるとペンキが剥がれたりガラス繊維が抉《えぐ》れたりする。

「今年？　商売はまァまァだったの、よくもねェし格別悪くもねェ。でも、ま、艇庫の借金払いで大変だったたって言っとこうか」

ボートの下にしゃがみ、溶かしたガラス繊維を刷毛《はけ》で船底の傷ついた部分に塗っていた邦雄は顔を上げ、ニヤリと笑った。

昨今の銀山平はちょっとした艇庫ブームだった。昨年、伝之助小屋が艇庫を新築し、今年の夏はフィッシングハウス村杉が新たに艇庫を建てた。それまで伝之助小屋では母屋《おもや》の食堂を片付けてボートを搬入していたのである。

「こっちの方がうんと楽だ。十五艘もいっぺんに入るしの」

刷毛を動かし続けながら言う。

伝之助小屋は昭和三十三年（一九五八年）の開業と、銀山平の釣り宿ではもっとも古く、また邦雄の父親広文は〝伝之助〟と呼ばれ、銀山平の住民の中では現役最長老だった。その七十二歳の〝伝之助〟に先日会った時、繰り返し言っていたのが「銀山はこれ以上開けねェ方がいい」ということだった。惣領息子である邦雄も、この点は同じ意見なのだろうか？

「揚水《ようすい》ダムとかジャピック計画とかの開発のことなら、おらも無条件に反対だ」

邦雄は立ち上がった。

「谷を埋めたり川の水をやり取りしたりは環境を大きく変えちまう。それで儲かる土建業者はそったら大工事やりてェんだろうが、そこに昔から住んでる人間は変化に順応できねェもの。おらたちは何とか食ってければいいわけだからな」

修繕箇所を点検し、また別のボートをトレーラーに乗せて艇庫前に引き出す。

「温泉はどのくらい期待してますか？」

僕は作業の合間に聞いた。

「温泉はまず出てもらわねば、のォ。出たら、出たら、の話よ」

「出たら、こう利用したいとか？」

「本当に出れば利用法はいろいろあるさ。規模は小さくてもかまわんから特色のある、銀山の立地や景観を生かした温泉にせんばのォ。そのために、この冬ちょっと各地の湯治場《とうじば》見学をやろうかと考えてるところだ」

「へェ、そこまで具体的に？」

「釣りシーズンすぎると泊まりの問い合わせで必ず聞かれるんだわ、〝温泉ありますか？〟って。だから、出ればの、策はある」

邦雄は再びしゃがんで修理を始めた。

釣り宿グループ第二世代のリーダー格である邦雄は、慎重ではあったが独自の銀山平の青写真は胸に持っているようだった。

「もう紅葉も終わり、もうじき下山ですけど、今頃の気持って、どんなですか？」

僕は去る前に尋ねてみた。

「気がせくの、冬が楽しみで」

眼鏡の奥の両目が緩む。

「ウサギ撃ちのこと?」

「ああ、今年は山で泊まるつもりで行ってみようかと思ってる」

僕は邦雄の嬉しそうな表情を眺めつつ、チラッとよし子の顔を思い浮かべた。雪中一泊の狩猟行《こう》で玄関前に山と積まれた血だらけの獲物を前に、腕組みをしたまま、うんざりとした顔つきでそれを見下ろしている邦雄の愛妻のことをである。


禁漁区の見回りから帰る途中の監視人の五郎に出会った。

帽子を被《かぶ》り長靴を履いて、黒い目立たないジャンパーを着て、手袋をした手に杖のような木の枝を一本持っていた。無線機を入れたウエストポーチを腰に巻いている。

「五郎の父ちゃん、北ノ又の川岸にミミズの餌箱が投げてあったよ」

写真家が声をかけた。

「おお、そうか。どこにあった?」

表情を引き締めて五郎が立ち止まった。

我々が〝りんたろう〟と記された市販のミミズの餌箱を発見したのは、宮ノ淵から少し上流の大きなカーブの川岸だった。川岸の雑木林の枯れ葉の上に空箱が一個ひしゃげた形で放り出してあったのである。

「だいぶ雨に打たれてたけど、九月に捕まえた二人連れのにしちゃあ新しいんだ。たぶん入ったんだよ、あれからも」

写真家が言い、僕も頷いた。

「釣り糸とか餌箱はの、たまに見つけることはあるんだが、足跡が見つからん。巡回する限りは、年々密漁者《みつりょう》の数は少なくなってきたと思うんだがのォ」

五郎は、我々が車の荷台から取り出して見せた証拠品の空箱を眺めて呟《つぶや》いた。

五郎の話では、今年は結局二組を捕まえ、警察に通報したのは九月の一組のみだと言う。その他に、禁漁区の入り口付近に車を停めてウロウロしていたのが数組あったが、それらはいずれも訓戒を与えて帰した、と。

「相手の態度によりけりだからの」

元シイタケ栽培業の監視人は待ち前の穏やかな口調で言った。

「うーん、そうだけどね。その気でやる奴は手口が巧妙になってるわけだから……」

写真家は割り切れない口ぶりだった。

僕は五郎にも聞いてみた。

「冬場は何をしてるんですか？」

「みんなと同じさ、家でブラブラと遊んでるよ。それで四月になったら、また山へ登ってくる」

五郎は村では消防署に勤める息子夫婦と一緒に住んでいた。小学生の孫も二人いる。

「狩りはやらない？」

「鉄砲撃ちかい？　おら、生臭いことは嫌いだ。獣《けもの》殺したり処理したりは、どうも」

あくまで温和なのである。

フィッシングハウス村杉の前の駐車場には、ボール遊びをしている小学生の姉妹と、見詰めているその母親まゆみがいた。

「〝村杉〟の親爺さんは?」

僕が聞くと、

「バッちゃんと下の家へ行ってる」

エプロンを締め直して答えた。

まゆみに質問してみると、村杉も今年はほぼ例年並みの商《あきな》いだったと言う。全般に雨の日が多かったので客足はやや伸び悩んだが、そのぶん、春先の解禁直後やゴールデン・ウイーク、紅葉シーズンが盛況だったようだ。

「今はどんな心境ですか?」

「ホッとした感じ。一年がやっと終わったって感じね」

ボール遊びを終えた娘たちが愛犬のダンを連れてきた。すっかり逞しくなり一人前の猟犬の体格になっていた。まゆみはしゃがみ込んでビロードのようなダンの背中を撫でた。

「今年の冬の期間に、何かこういうことをやってみたいと思うものは?」

「いっぱいありますよ。去年はスイミング・スクールに通ったけど、今年はお料理も習いたいし、いろんなボランティア活動にも参加したい。スキーももっとやりたいし……」

近所の家を回って茶飲み話をしたり家で漫然とテレビを眺めたりするのは年輩世代、自分たちの世代は冬期こそ積極的に出歩き見聞を広めるのだと言う。

「こういう商売だから、ふだん同年輩のお母さんたちとお付き合いする機会もないでしょ、地域の活動もごぶさただし。冬はそういう意味で、いろんなコミュニケーションを回復するいいチャンスなんですよね」

「旦那さんのことは?」

「男の人は男の人で〝どうぞご自由に〟って感じです。猟に行くのもよし、家でゴロゴロするもよし」

まゆみは笑って言った。

と、その「旦那さん」が玄関から現れた。トレーナー姿の洋一にそれまでのまゆみとの会話を話すと、洋一は「おらのことなら心配いらねェ」と苦笑した。

小・中学校のスキーのジュニア・レーシング・チームの顧問を今年もやる予定なので、「鉄砲撃ち以外のスケジュールもバッチリ詰まってる」らしい。

「スキーを通じて、冬も娘たちと接触できるしの。その意味では、都会のサラリーマン家庭より〝親子の会話〟はあるんでないかい」

洋一はダンを抱き上げて頬ずりした。その犬を娘たちと取り合いになる。

「温泉には期待してますか？」

「温泉？」

洋一はペロペロと犬に顔を舐められていた。

「出りゃいいけど、出なくてもやっていけるさ。それくらいのもんでねェの？」

村杉小屋の若い世代は、伝之助小屋の邦雄のところとはまた違った形で、銀山平の今後を見据えていた。


夕方、〝教育長〟が湖山荘にやってきて、一時間足らずで慌ただしく帰って行った。

〝教育長〟の用向きは、新潟県が推進する佐梨《さなし》川ダム総合開発事業計画への〈でんぱつ〉の関わり、すなわち揚水ダムの現況についてだった。湯之谷村の北隣の入広瀬《いりひろせ》村の村長が明神《みょうじん》沢を上池として使用することに同意し、地元の賛成も得たため、どうやら揚水発電ダムの上池は北ノ又川ではなく明神沢に固まりそうだ、というのである。

「湯之谷村の村長もこれに乗っかったから、これで決まるろ」

「いいニュース」を伝えた〝教育長〟は、自分で言っておいて顔をほころばせた。

明神沢は、北ノ又川とは峠一つ挟んだ北側の沢。大部分が国有林で人家もないため、話がスムーズに進展したのだ。〈でんぱつ〉側は年内にもボーリング調査を開始し、その調査結果を踏まえて最終判断を下すと言う。

しかし〝湖山荘〟は慎重だった。いちおうは喜びながらも、こう付け加えた。

「でも〈でんぱつ〉も諦めたわけではねェろ。いったん明神沢にダムを造っとけば、あとであそこと北ノ又のダムをつなげるなんてことは、なんぼでもできるからの」

悪夢のような関越《かんえつ》送水計画はいつでも息を吹き返す余地があるというのだ。

用件を伝えるだけ伝えて腰を浮かせた〝教育長〟に、僕は一声かけた。

「来年のメイン・イベントは何ですか？」

〝教育長〟は、例の、八の字眉を寄せる困ったような笑顔を見せた。

「枝折《しおり》峠に一つ、三島由紀夫の碑をの。いや、未亡人側の感触はいいんだわ」

村一番のアイデアマンは、文学者の記念碑建立《こんりゅう》にすっかり味をしめたようだった。

夕食後、湖山荘に長期逗留している温泉掘削《くっさく》の作業員たちとしばらく話をした。兵庫県出身だという作業主任は、晩酌で赤みを帯びた丹前《たんぜん》の胸元を掻き合わせ、しきりに〝湖山荘〟に恐縮してみせた。

「いやァ、ほんま早いとこ店じまいした方がいいかもしれませんね。充分な態勢を整えて、それでまた来年の四月早いめにこちらにきさせてもろた方が、ねェ」

十月三十日現在、ボーリングはまだ九百二十六メートルだった。目標の千二百メートルはおろか、一千メートルの大台にも達していない。

作業主任によればそれは、「普通の硬い岩盤の六倍の硬さをもった閃緑岩《せんりょくがん》のせい」だった。一日十六メートル掘り進んだこともあったのだが、最近はずっと一日に三メートルか四メートル、「せめて平均十メートルだったら」とぼやく。ダイヤモンドの刃先を頻繁に取り替えているが、それでも掘削作業ははかどらないのだと言う。

「なんだか、だんだん心細くなってきた」

〝湖山荘〟がお茶をすすって呟いた。

作業員たちは、十一月十日が閉館・下山ならその前日まで宿泊させてくれ、と頼んだ。撤収作業があるのでギリギリの十一月四日までボーリングを続けたい、その日までに何としても九百五十メートルは掘りたい、と。

「これまでボーリングしても出なかったことって、どれくらいあるんですか?」

待っていても〝湖山荘〟が尋ねそうにないので、僕が聞いた。

「全部出てます」

作業主任は即答した。

「よそのボーリング屋は知らんけど、ウチに限っては必ず出してます。温度や水量はともかく、でっせ」

そして、明るく〝湖山荘〟に向き直った。

「こうなったら村にも協力してもらって、出るまでトコトン掘りましょうな。私らも意地張りまっせ。私の計算では、千百五十メートルあたりでバーッと噴き出してくる予定なんですわ、ハハハ」

作業主任の軽口に三人の作業員たちは笑い、つられて〝湖山荘〟も笑いを洩らした。しかし上機嫌のボーリング業者たちが部屋に引き下がる頃には、〝湖山荘〟は囲炉裏の前で一人ムッツリと腕組みをしていた。

ログハウスに向かう前に、〝湖山荘〟が独り言のように言った。

「晩秋の紅葉だ何だっていうけど、おらたち〝地〟の人間は紅葉も何もそんなこと考えやしねェ。〝ああ、もう霙《みぞれ》の季節か〟とまず思う。今年も長い冬を前に、あれもやらねば、これもやらねば、との。確かに、薪《まき》を切って、干して、積み上げてと、暖房の心配をしなくなっただけでも一ヶ月分は楽だ。だども、辛くて長くて苦しい冬がやってくることには違いはねェ。そう思うと、何とはなしに急《せ》き立てられるような暗い気持ちになるの。それがこの時期一番感じることだ。なんぼ暮らしがよくなっても、おらたちが雪国に生まれ育って、現に今も雪国に生きてる、そのことを否応《いやおう》なく思い知らされるのが、今の時期なんだわ」

## クモが天空を渡ってゆく

「あッ、イヌワシ！」

僕は薄い雲の切れ間を指差して叫んだ。

「あれはカラスですね、ハシブトガラス。カラスも二千メートルぐらい飛びます」

池田は、僕に双眼鏡を戻しながら、落ち着いた様子で言った。

「イヌワシは〝風の精〟とも呼ばれてましてね、風を掴むのがすごくうまい。空中停飛と言って、強風が吹いている上空でも同じ位置に留まるような飛び方ができるんです。また、輪を描く時も二時間ぐらい全然羽ばたかないことがある。とにかくすごい奴です。今日は、観察には絶好なんですけどね……」

優秀な親友を称《たた》えるような言い方だった。そして川原の石と石を跨《また》ぐように両足を置き、小手《こて》をかざして空の〝親友〟を探す。

我々三人は岩魚沢の魚止めの小さな滝まで行って下りてきたところだった。岩魚沢の階段状の岩場には、昨年と同じようにイワナのカップルが寄り添っていて、間近に観察したり写真を撮ったりすることができた。けれどもその数は、昨年と比べるとかなり少なかった。我々の訪れたのが昨年より遅く、産卵期も終盤だったせいらしい。

結局一時間や二時間程度の観察では、産卵・放精という決定的瞬間を見ることはできなかった。何度か見たことのある写真家の話では、並んでいた雌が産卵し、ついで雄が産み落とされた卵に放精する短い間、雌雄はともにカッと口を開いてサケ科特有の迫力ある表情を示すとのことだが、それは確認できなかった。自然と付き合うには、やはりそれなりの周到な準備と相応な時間的余裕が必要のようだ。

川原の一隅で、写真家がガソリンストーブで湯を沸かし始めた。遅い昼食である。目の前の猿ヶ城の渓流にも中央部の深みに数組のイワナのペアが泳いでいて、いつ産卵行動に移るかわからないが、まずは腹拵《はらごしら》えである。

池田は大きな体を折って、岸近くの浅瀬の石を一つ一つ裏返して見ていた。

「何かいますか？」

「ええ、最近こっちへきてないもんで、川虫の生育や分布はどうかと思って……」

こぶし大の石を拾い上げ、裏側を僕に見せた。ぬめりを帯びた灰褐色の底部に体長一ミリ以下のダニのようなものがビッシリとうごめいている。カゲロウの幼虫だという。もう一つの石の裏には、付着した小枝に潜り込んだ白い毛虫のような虫が二匹、こちらは少し大きい。

「こっちはトビケラの幼虫です。ごらんのように筒を背負っているので、正しくはコカクツツトビケラ。水生昆虫のカワゲラ、トビケラ、カゲロウなどはイワナ、ヤマメの重要な食糧ですからね。何かの理由で急に減ったりすると大変です。現在は大丈夫のようですが」

見終えて、元どおりに川底に石を置く。

池田はフライ・フィッシングの渓流釣り師であるが、小出町では鳥獣保護員も務めている。土地の動物全般に詳しいので、請われて子供たちに教える機会も多く、イヌワシの説明に多少感情がこもる時以外は、口調も何となく野外自然教室の付き添い教師ふうになる。

「今のうちに、もう少し撮ってきます」

池田はカメラを首にかけ、再び岩魚沢へと向かった。先程は光量が足りず、撮りそこなったカットが二、三あるのだと言う。

写真家は湯が沸いたのでコーヒーを淹《い》れ始めたが、妥協を許さない本格的ドリップ式なので、三人分となると時間がかかった。

僕は紅葉のV字形の渓谷の中で一人きりになり、ぼんやりとあたりを見回していた。もはや野鳥の声も聞こえず、頭の中の雑念を洗い流すような川音ばかりである。僕は何度か深呼吸し、自分が深山幽谷の中の一匹の虫か一枚の木の葉になったような気がした。

せせらぎの水を手ですくって飲んでみる。上流に人家はないので無味無臭なのだが、人工的清潔さではなく、すべての味を溶かし込んで一瞬のうちにそれを浄化したような膨《ふく》らみと余韻があった。〝水は水の味がし、木は木であり……〟、思わず作家の言葉が甦ってくる。確かに、おっしゃるとおりである。

と、川面をキラキラと光り輝きながら上昇してゆくものがあった。ちぎれた絹の糸を思わせる。見回すと、あちらにもこちらにもそれは揺れ動きながら漂っていて、高く高く上り、青空へと吸い込まれてゆく。

僕はその一つを掴んだ。下の端に一点黒くケシ粒のようなものがついていたからだ。

掌に載せて驚いた。クモである。体長約五ミリの茶褐色の小さなクモが一・五～二メートルの糸を空に向けて吐き、それが上昇気流に乗って上へ上へと運ばれているのだ。

僕はこの現象をずっと昔何かの本で読んだことがあるのを思い出した。冬を控えた晩秋の暖かい日に、クモが空に向けていっせいに糸を吐き、上昇気流に乗って空へ舞い上がるという話。小さなクモが数千数万メートルの高みに至って地球規模の大旅行をする話……。

その現象を東北地方の言葉で何とか言ったはずだが、思い出せなかった。注意して見ると、岩の上でも、梢の先端でも、流木の背でも、茶褐色のクモが尻を突き出し、気流を待っていた。イヌワシよりも上空へ達する大旅行の態勢を整えていた。

「足立さん、池田さん、できましたよ！」

写真家が我々を呼んだ。

「はーい！」

僕は歩こうとして川原の石につまずいて転び、そのとたん、忘れかけていた言葉を思い出した。〝雪迎え〟である。クモが天に向かって旅立つと、ほどなく雪が舞い始める……。

〝雪迎え〟は、雪国が長い冬の季節を迎える際の大自然のシグナルなのだ。

転んだまますぐには起きず、僕はしばらくの間、谷の上空の随所にきらめく美しいシグナルに見惚れていた——。

銀山平の岩壁に営巣するイヌワシの親子（1994年）

石抱（いしだき）橋から見た北ノ又川。この橋のたもとに作家開高健の記念碑が

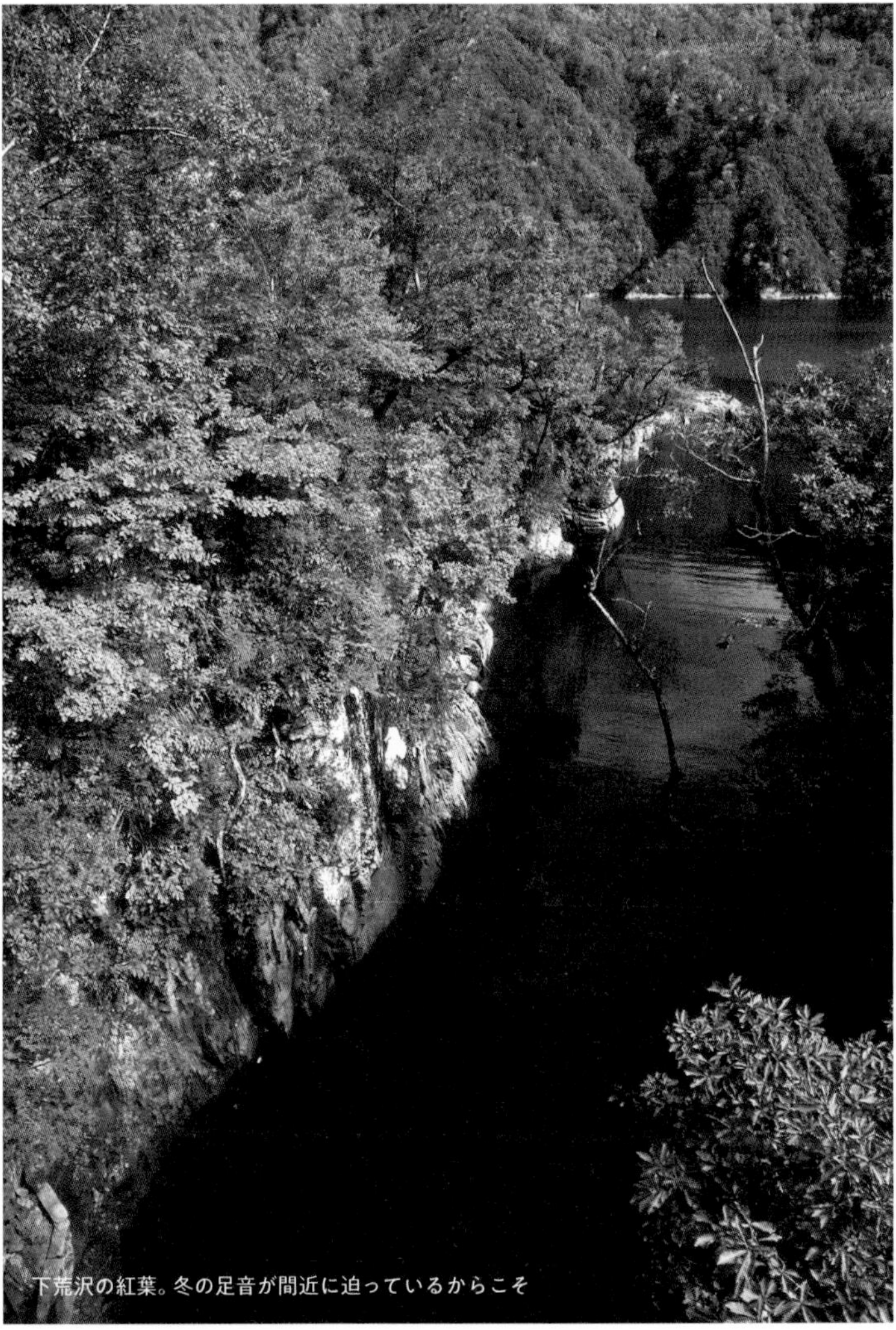

下荒沢の紅葉。冬の足音が間近に迫っているからこそ

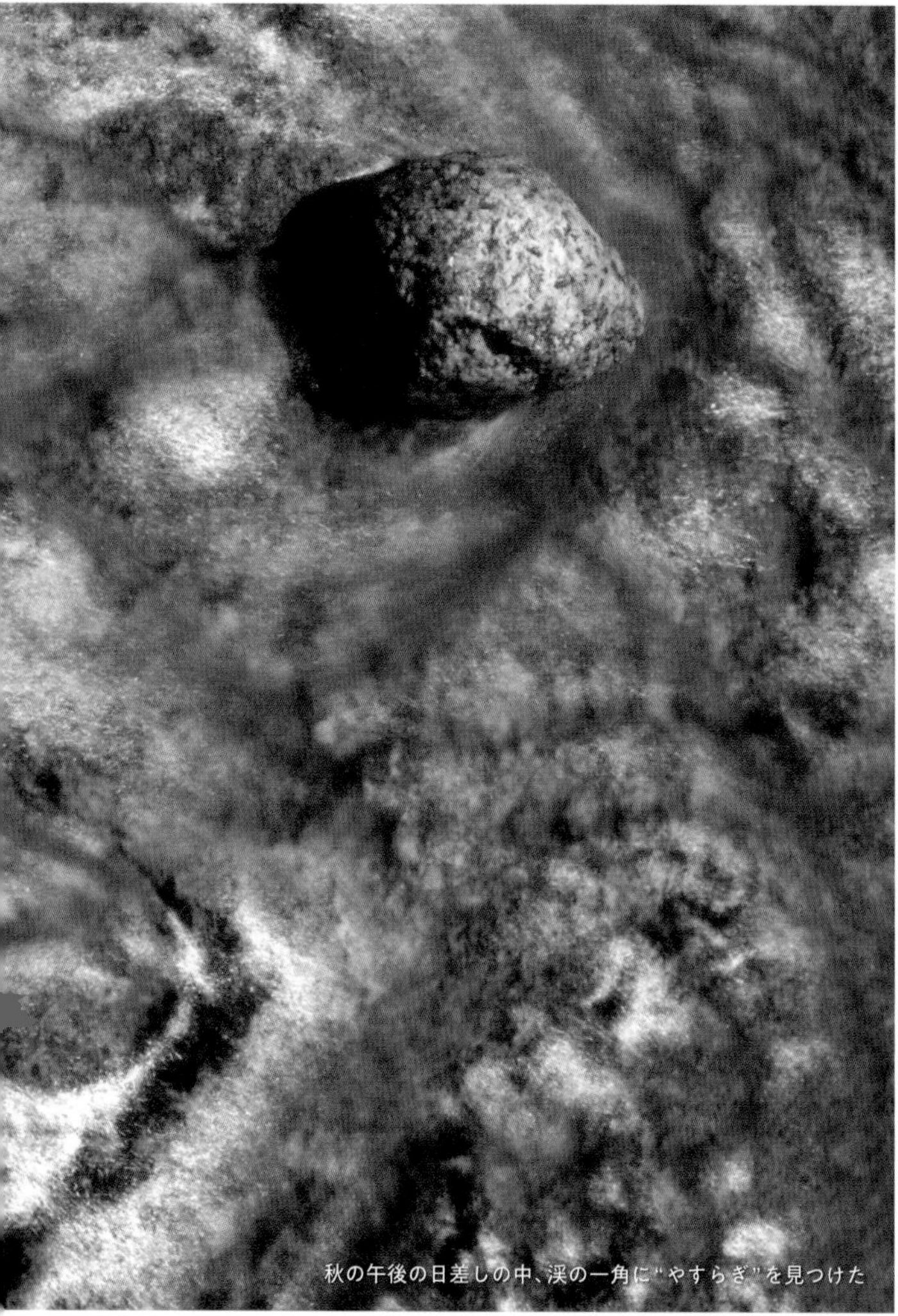
秋の午後の日差しの中、渓の一角に“やすらぎ”を見つけた

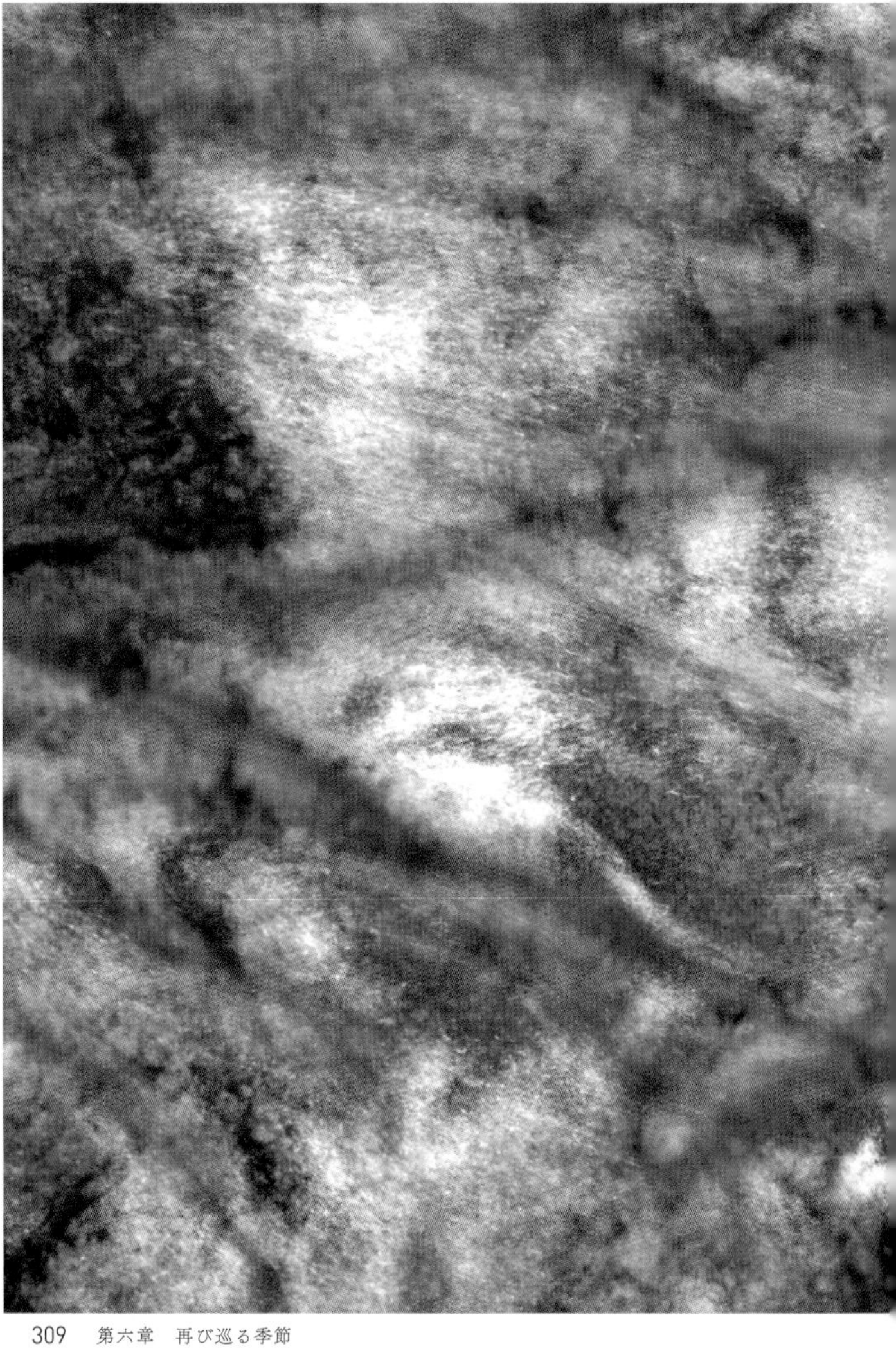

# 主要登場人物プロフィール

※プロフィールは原本刊行時のものです。

佐藤庄一・澄子

釣り宿「湖山荘」を営む。

佐藤進

「フィッシングハウス村杉」の主人。

佐藤ふじい

進の妻。

佐藤洋一

〝村杉〟の長男。

佐藤まゆみ

洋一の妻。

佐藤徹也

湯之谷村教育委員会の教育長。

佐藤邦雄

「伝之助小屋」の若主人。

佐藤よし子

邦雄の妻。

佐藤広文・ヨシ

邦雄の両親。

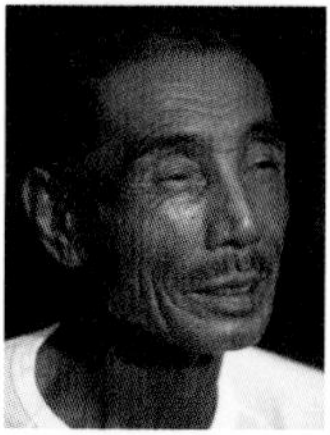

星幸一

銀山平に炭焼き窯を構える。

佐藤五郎

禁漁区の監視員。

常見忠

「奥只見の魚を育てる会」の現在の代表。

池田修

「育てる会」の会員。

本間義治

新潟大学理学部教授。イワナ研究の権威

平野肇

秋月岩魚の友人。本来は打楽器演奏家。

サクラマス

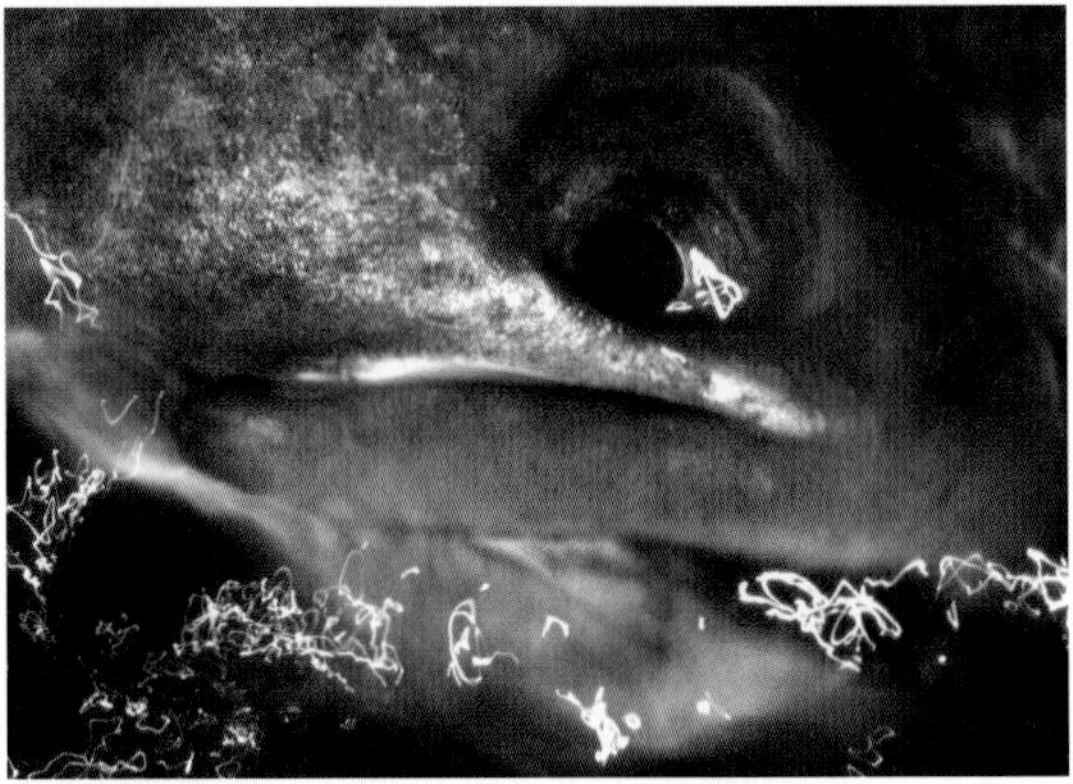
イワナ

# あとがき

　同世代の写真家秋月岩魚さんとはそれまで二回一緒に仕事をしたことがあった。フランスの自転車競技の取材と、オーストラリア北部の自然保護区の取材である。

　秋月さんは芸術家肌の厳しい仕事ぶりにも拘らずふだんは愉快な話し好きな人で、旅行中ホテルであるいはレストランで、興味深い話をいろいろと聞かせてくれた。その中に幾度となく登場したのが新潟県奥只見《おくただみ》の銀山平《ぎんざんだいら》だった。少年時代から渓流釣りが趣味だった秋月さんは、十八歳の時に初めて銀山平を訪れ、以後二十五年間通い続けていると言う。

　深淵に群れる〝尺イワナ〟やサクラマス、創設に加わった〈奥只見の魚を育てる会〉、作家開高健《たけし》との関わり、血湧き肉躍る（?）密漁《みつりょう》者逮捕劇、禁漁区の四季と折々の自然、枝折峠《しおり》と尾瀬三郎の伝説……。さまざまなエピソードはそれぞれに面白かったが、耳を傾けつつ僕がもっとも興味をそそられたのは、秋月さんをそこまで惹《ひ》きつけた銀山平そのものだった。

秋月さんはアウトドア全般に造詣が深い。ことに釣りの分野では第一人者だ。日本全国の河川《かせん》・湖沼《こしょう》はもとより世界各地の清流・渓谷を飛び回っている。そんな人が、血縁も義理もないのに四半世紀も通う銀山平とはどんなところなのか？プロのアウトドア写真家を魅了する土地に、魅せられたのである。

僕にとって山村の暮らしは未知の領域といってよかった。もともと第一次産業に対する関心はあったので、林業の植林や伐採、運搬や製材の現場は過去何度か訪れたことはあったものの、それ以外のことには疎《うと》かった。渓流釣りや釣り宿、山菜採りやキノコ狩りについては何も知らないに等しかった。そうした知らないことへの好奇心も、今回の銀山詣での動機となっていたのは確かだ。

で、その結果がこのレポートというわけだが、読み返してみるといつもながら、関心の対象が人為的《じんい》なものや人間関係に大きく傾いている。山里の自然それ自体よりも、そこに生きる人々の意志や情念の方に目がいってしまっている。秘境のイワナ釣りのノウハウを期待した読者(そんな人はいないか⁉)には申し訳ないが、仕方ない。僕にとってはやはり、人間に関わることが一番面白いのである。

今回銀山平で出会った人々で言えば、感心したのは三人の人物の強烈な個性と、その絶妙のバランス及びコミュニケーションだった。〝湖山荘《こざん》〟こと佐藤庄一氏のしたたかな深謀遠慮、〝村杉〟こと佐藤進氏の一歩引いた現実主義、〝教育長〟こと佐藤徹也氏の斬新なアイデアと敏速な事務能力。三氏の有するそれらの個性が、ある時は批判し合い、ある時は相互に補完し、またある時は一致団結し一丸となって、銀山平に次々と発生する問題に向けられていた。非常に柔軟で強靭な、それはみごとな共同作業だった。

山村の暮らしと方向性が、こうした人たちの知恵と熱意によって支えられていると知ったことが、まずは収穫と呼べるだろう。

そのうえで改めて、古くて新しい〝地方と中央〟〝都市と田舎〟の問題があった。

銀山平を最初に訪れた時からその論争は、湖山荘主人と秋月さんとの間で幾度となく繰り返された。〝湖山荘〟が雪国のハンデとこれといった産業を持たない山村の生活の困難さを言い立てると、写真家は、駐車場一つ確保するのも大変な東京の生活の方が不便で厳しいと反論、逆に「半年働いて半年休め、新鮮な水や空気に恵まれている田舎は羨ましい」と主張する。もっとも、「それならお互いの生活の場を交換するか？」と言うとそうはならないのだから、二人の議論はどこまで行っても平行線なのだ。

僕はむろんいずれかに賛成という立場にはなかった。ただ二人の議論を聞いていて、こうした直截《ちょくせつ》な物言いが結果的には双方にとって相互理解に役立っているのではないか、と思っただけである。平行線であっても何度も言い合っているうちに、都市生活と田舎暮らしの長所と短所は、それぞれ相対化され、「いい点もあれば悪い点もある」実態が見えてくる。相手の抱えている地域的問題の深刻さにも次第に理解が及ぶようになる。

秋月さんの場合には加えて精神衛生上の効果もあるように思えた。率直な発言はいつものことだが、銀山平ではそれが、相手が〝湖山荘〟であれ、〝村杉〟であれ、〝教育長〟であれ、バレーボールの鋭いスパイクと巧みなレシーブのようにポンポンと明るくやりとりされ、全然後《あと》を引かない。秋月さんの気性を銀山平の住人たちは知り尽くしているのだ。だからであろう、銀山平滞在中の写真家は山でも宿でも溌剌《はつらつ》としていた。たとえ論争している時でもどこかでそれを楽しんでいる余裕のようなものが窺えた。

秋月さんが長く銀山平に通い続けてきたのは、そこに行けば、家族のように気の置けない人たちに直《ただ》ちに会えるからではなかろうか？　銀山平と同等もしくはそれ以上のたたずまいを残している自然は他にいくらもあるのだから、住む人たちの人間的魅力は、少なくとも誘因の一部には違いあるまい。

銀山平は何よりも、懐《ふところ》が深く、輪郭のくっきりとした人々が暮らす山里だった。

取材を終えて三ヶ月ほど経った平成四年（一九九二年）の一月末、地方紙『新潟日報』に、〝信濃《しなの》川知水のすすめ第3部　魅入られた水〟と題する特集記事が九回にわたって連載された（一月二十六日〜二月五日）。ジャピック（日本プロジェクト産業協議会、斎藤英四郎会長）によるいわゆる関越《かんえつ》送水計画の現状をさまざまな角度から探ったものだ。

それによると、ジャピック事務局の金山秀一常務理事は、「昔そんな話があった、ということです。もう忘れてもらって結構」と述べ、「(送水計画を討議する水資源対策)委員会は六十三年九月から開店休業で、送水計画は棚上げされた状態だ。少なくとも五年から十年は浮上しない」と言い切ったという。ところが、インタビューに応じた肝心の斎藤会長は、「海に捨ててる信濃川の水を関東に送ってくれればいいんだ。こんな素晴らしい計画はない。今はなかなか進まないが、また攻勢に転じる。プロジェクトはまだ終わっていない」と、「熱っぽく語った」というのだ。

これでは、地元が疑心暗鬼になり戦々恐々とするのも無理はなかった。湯之谷《ゆのたに》村の佐藤孝雄村長が佐梨《さなし》川の揚水《ようすい》発電計画に対し、「(上池が)北ノ又《きたまた》川なら(群馬県の)矢木沢(ダム)まで自然流下するので将来、送水にも使えるが、明神《みょうじん》沢では無理。だから現計画(明神沢ダム)なら歓迎だ」と楽観論を語り、〈でんぱつ〉の関東支社の江沢秀幸副支社長が、「(ジャピック計画の一部との批判は)とんでもない。あくまで電力事情から出てきた構想だ」と「語気を強め」て否定しても、すんなりと信じるわけにはいかない不透明さがそこにある。

東京首都圏では、なるほど、利根川水系のダムが干上がった昭和六十二年(一九八七年）以降、これといった異常渇水には見舞われてない。水需要は落ち着いているように見える。しかし、揚水時に取水できない不安定取水量が全使用量の二割を超えているし、長期的な水資源開発を目指したフルプラン（利根川・荒川水系水資源開発基本計画）も目標の平成十二年（二〇〇〇年）までには水源地対策の難しさなどから達成できそうにない。加えて、人口増加、地下水の取水制限、臨海副都心構想や常磐《じょうばん》新線計画などの大プロジェクト……。今後の水需要の増大は確実と言える。

昭和六十三年（一九八八年）、建設省は〝広域利水〟という考えを打ち出した。水需要の地域的な偏《かたよ》りを是正して広域的な水の運用を図る、というものである。これを受けてジャピックは、この平成四年（一九九二年）から各研究会に必ず付いていた〝関越〟を外し、〝広域的〟あるいは〝地域的〟水資源開発研究会と名称を改めた。広域行政が確立して道州制のようなブロック化が進めば、信濃川の水を首都圏が使うことも正当化できるということらしい。

「ばらばらに打ち込まれた一つひとつの〝点〟は、やがて関東送水という壮大な完成図の伏線になりかねない」のだった。「雪がはぐくむ日本一の流量。その豊かさゆえに、信濃川はますます狙われ続ける」のである。

『新潟日報』のレポートは、あの田中角栄元首相でさえ地元の発展につながらないと反対し続けた巨大計画が、水面下で深く静かに、けれど着実に進行しつつあることを告げていた。

忘れられない光景がある。

晩秋の霧の朝、銀山平から国道352号線を枝折峠頂上へと車で走っていた時のことだ。

ふと振り返ると、銀山平が一面霧に覆われ、山々に囲まれた広大な雲海と化していたのである。写真家と僕はすぐに停車して外に出てみた。

それは信じられないような眺めだった。

晴れ渡った青空の下、陽光を浴びて白く輝く霧は厚い白雲となって底の方から沸々《ふつふつ》と湧き立ち、手前のやや低くなった峰を越え、滝のように猛烈な勢いで谷間へと落下しているのだ。まるで雲の大瀑布だった。しかも朝まだき、物音は一切しない。僕はずっと以前に見たアメリカ・カナダ国境のナイアガラを思い出したが、目の前の光景の方が静寂の中にあるだけによりいっそう崇高で神秘的なものに思えた。

そして今さらのように思った。銀山平の人たちはこの信じ難いほど美しい自然現象の真っ只中で日常生活を営んでいるのだ、と。

今回、取材に応じ、本書に登場して下さった銀山平の皆さん、ありがとうございます。パートナーの秋月さん、一緒に仕事ができて感謝してます。どうやら僕は、山も好きになれそうです。

平成四年（一九九二年）　盛夏
足立倫行

# 『イワナ棲む山里』

## 〈文庫サイズ版のためのあとがき〉

奥只見に頻繁に通っていた頃の古い仲間から突然電話があったのは、今年（2021年）4月のことだった。

4月の20日に、新潟県魚沼市の「〝湖山荘〟の父ちゃん」こと佐藤庄一さんが亡くなったという。享年86、だった。

銀山平〝湖山荘〟の主人がすでに息子の慎治さんに移っていることは知っていた。だが、2014年に庄一さんの妻の澄子さん（慎治さんの母親）が亡くなり、今回は旧主人の庄一さんの逝去。本書に登場し、私のよく知っていた銀山平は、今やすっかり様変わりしてしまったことになる。

〝教育長〟こと佐藤徹也さんが鬼籍に入ったのはかなり前だった。2年前には、〝村杉〟の佐藤洋一さんから、閉館するので経営者が変わるという通知の葉書がきた。

往時茫茫と言うべきか、本書に描いた約30年前の奥只見・銀山平の情景は、早くも「歴史」の一ページになりつつあるようだ。

もっとも、だからといって、最初に私が銀山平の自然や人々の暮らしから受けた「山里のインパクト」が消え去ったり、減少してしまったりしたわけではない。

北ノ又川沿いの山道を歩くと、清流に大きなイワナやヤマメが群れをなして泳ぐ姿を容易に見ることができる。かつては日本中の山里で当たり前の光景だったが、今や北ノ又川が終年禁漁の保護水面だからこそ可能な、きわめて貴重な体験だ。

渓流魚だけではない。ゴジュウカラ、ニュウナイスズメ、オオルリ、ヤマセミ、アオバズク、サシバ、クマタカなどの野鳥も。

中でも翼の幅が約2メートルあり、国内最大の留鳥で天然記念物のイヌワシ。天気さえよければ、天空高く、はばたくことなく悠然と輪を描くその姿を、一日に複数回目にすることも珍しくない。新潟・福島県境の奥只見地区は、人間による開発行為が遅れたことが幸いし、絶滅危惧種のイヌワシが今なお繁殖を続けている日本屈指のイヌワシ生息地なのだ。

加えて、鄙びた山里らしい尾瀬三郎の貴種流離譚。江戸時代の銀山採掘の賑やかな景気と人身事故。山一つ越えた南魚沼・塩沢の商人、鈴木牧之が著した「雪の百科事典」である『北越雪譜』などの歴史・文化的背景。

そして、戦後の復興を支えた1962年の奥只見ダムの完成と、麓の宇津野地区の住民がその後ダム湖沿いの銀山平で開始した釣り宿業と、そんな生業を脅かす関越導水計画などの巨大プロジェクト……。

それらが渾然一体となって、思いもよらぬ立体的かつ多面的な様相を見せていたのが、本書執筆時の奥只見・銀山平だった。

その中心にいた一人は間違いなく〝湖山荘〟の主人、佐藤庄一さんだ。

庄一さんは宇津野地区の名家の跡取りで元村会議員。顔が広く、頭の回転が速く、地域の過去や現在の出来事に通暁していて、しかも話し好き。質問すればたいがいのことには即座に答えてくれたものだ。

渓流沿いを丸一日歩き回って原形の自然を満喫した後、宿の囲炉裏で夕食用の養殖イワナを焼いている庄一さんに声をかける。

「今晩、クマ狩りの話聞かせてよ」

すると、作業の手を緩めずに声が返ってくる。

「おぅ、飯の後で部屋に行くわ」

実に、頼もしい存在だったのだ。

それまでの私は、港町の出身（鳥取県境港市生まれ）なので、海に関わる本をもっぱら書いてきた（『日本海のイカ』1985年、『アジア海道紀行』1990年など）。

だが、本書の取材がきっかけとなり、山間地の持つ奥深さにも惹かれ、「日本の森の現状」に新たな関心を抱くようになった。

その結果が、北海道別海町の漁協婦人部が中核となった「お魚殖やす植樹運動」から、沖縄県北部の「やんばるの森」、琉球大学農学部演習林の研究活動まで、東京新聞夕刊に1997年1月から約半年間にわたって連載した全国縦断ルポ『森林ニッポン』（1998年、新潮社より刊行）である。

その意味で、〝湖山荘〟の佐藤庄一さんなど銀山平で出会った多くの人々には、改めて感謝を申し述べておきたいと思う。

ただ、2001年に、〝湖山荘〟や〝村杉〟など重要な釣り宿が北ノ又川河口右岸の蛇子沢に集団移住して以来、足が遠のいた。

その後秋月さんは、テレビ番組で煽られ空前のブームになっていたブラックバス釣りに代表される外来魚問題（違法放流の禁止）に本格的に取り組むようになった。

私も何年間か行動を共にしたが、人生後半の自分のテーマとして、次第に日本古代史の領域に軸足を移すようになった（1999年に生まれ故郷近くに「日本最大の弥生遺跡」の妻木晩田〈むきばんだ〉遺跡が発見され、同年私も保存・活用検討委員会の委員に任命されたのが契機）。

庄一さんが亡くなってほどなく、〝湖山荘〟主人である慎治さんと電話で話をした。

庄一さんは晩年車椅子だったが、亡くなる前まで元気な様子だった、とのこと。現在、〝湖山荘〟は順調で、慎治さんの2人の子どもたちは成長し、次の世代についても心配はなさそうだった。何よりである。

銀山平でもっとも忘れ難い人物、〝湖山荘〟旧主人の佐藤庄一さんの亡くなった年に本書が文庫サイズで新たに刊行されるのも、きっと何かの縁なのかも知れない。

2021年11月
足立倫行

◎装丁・デザイン：mogmog Inc.
◎編集：椞田義秀（株式会社世界文化ブックス）
◎校正：株式会社円水社
◎DTP：株式会社明昌堂

**モン・ブックス Mont Books**

# イワナ棲む山里
## 奥只見物語

発行日：2021年12月30日　初版第1刷発行

著者：足立倫行
　　　秋月岩魚
発行者：竹間 勉
発行：株式会社世界文化ブックス
発行・発売：株式会社世界文化社
〒102-8195
東京都千代田区九段北4-2-29
電話：03(3262)5129(編集部)　03(3262)5115(販売部)
印刷・製本：凸版印刷株式会社

ISBN978-4-418-21222-4



※本書は1992年に刊行した「ネイチャーブックス『イワナ棲む山里』」を、
一部の写真を差し替えて文庫サイズに再編集したものです。